嗨，别担心
你可以远离电子产品

边玉芳 主编

Goali Saedi Bocci

[美] 葛礼·赛迪·博奇 著
梁丽婵　庄瑞雪 译

湖南教育出版社
·长沙·

著作权所有，请勿擅用本书制作各类出版物，违者必究。

图书在版编目（CIP）数据

你可以远离电子产品 /（美）葛礼·赛迪·博奇著；梁丽婵，庄瑞雪译. —长沙：湖南教育出版社，2024.4
（嗨，别担心）
ISBN 978-7-5539-9869-5

Ⅰ.①你… Ⅱ.①葛… ②梁… ③庄… Ⅲ.①互联网络-传播媒介-青少年读物 Ⅳ.①G206.2-49

中国国家版本馆CIP数据核字（2024）第087863号

THE SOCIAL MEDIA WORKBOOK FOR TEENS: SKILLS TO HELP YOU BALANCE SCREEN TIME, MANAGE STRESS, AND TAKE CHARGE OF YOUR LIFE BY GOALI SAEDI BOCCI PHD, GINA M. BIEGEL MA LMFT

Copyright © 2019 BY GOALI SAEDI BOCCI PHD, GINA M. BIEGEL MA LMFT
This edition arranged with NEW HARBINGER PUBLICATIONS through BIG APPLE AGENCY, LABUAN, MALAYSIA.
Simplified Chinese edition copyright: 2024 Hunan Education Publishing House
All rights reserved.

湖南省版权局著作权合同登记章字：18-2023-280号

NI KEYI YUANLI DIANZI CHANPIN
你可以远离电子产品

出 版 人：刘新民	策划编辑：陈慧娜
责任编辑：张件元	封面设计：凌 瑛
出版发行：湖南教育出版社（长沙市韶山北路443号）	
电子邮箱：hnjycbs@sina.com	网　　址：www.jiaxiaoclass.com
微 信 号：家校共育网	客服电话：0731-85486979
经　　销：全国新华书店	
印　　刷：湖南省众鑫印务有限公司	
开　　本：710 mm×1000 mm　1/16	
印　　张：12	字　　数：136 000
版　　次：2024年4月第1版	印　　次：2024年4月第1次印刷
书　　号：ISBN 978-7-5539-9869-5	
定　　价：48.00元	

本书若有印刷、装订错误，可向承印厂调换。

译者序

青少年是儿童向成人角色转变的关键过渡阶段，个体在这一阶段会经历生理、认知和社会性等多方面的发展，对于个体价值观的形成和人生的塑造具有重要的意义。在影响个体成长与发展的众多因素中，心理因素以其不易觉察的隐蔽性、易于波动的敏感性，以及能够决定所有外部因素作用于个体的最终形式的重要性，成为需要特别关注的重要方面。然而，近几年我国青少年的心理健康状况不甚乐观，引发全社会的广泛关注。据估计，全世界有10%~20%的青少年存在心理健康问题，约50%的心理健康问题在青少年时期加剧，若不及时干预，其影响往往会持续到成年阶段。而《中国国民心理健康发展报告（2021—2022）》显示，约14.8%的青少年存在不同程度的抑郁风险，其中4.0%的青少年属于重度抑郁风险群体；《2022年国民抑郁症蓝皮书》也显示，抑郁症发病群体呈年轻化趋势，18岁以下的抑郁症患者占总人数的30%，50%的抑郁症患者为在校学生。抑郁以外，焦虑、成瘾、学习困难、情绪障碍、品性障碍、自残自伤、虐待及霸凌等个体的内外化问题，也都会造成严重的心理健康问题及相关后果，需要引起教育行政部门、学校、家长及青少年自身的高度重视。

这几年，我国政府从国家战略的高度来关注学生身心健康问题。

2023年4月，教育部、国家卫生健康委等十七部门联合印发《全面加强和改进新时代学生心理健康工作专项行动计划（2023—2025年）》，特别提出要全方位开展心理健康教育，组织编写大中小学生心理健康读本，扎实推进心理健康教育普及。为切实回应党和国家的号召，关注社会需求，我们一直将儿童青少年的心理健康作为研究的重要议题，这次我们很高兴应湖南教育出版社的邀请，翻译这套引进自美国New Harbinger Publications公司的青少年心理自助系列图书（Instant Help），向青少年、家长及教育工作者科普相关主题的心理健康知识，以期支持青少年个性、情感、社会适应能力等方面的发展，最终形成健康的自我、丰富的个性和正向的价值观，为全面加强和改进新时代青少年心理健康工作添砖加瓦。

New Harbinger Publications自创立以来的40年间一直是普及心理健康知识、推广积极生活方式、促进个体幸福感提升的重镇。该出版公司致力于邀请经验丰富的从业人士撰写基于实证研究和临床验证的书籍，同时也注重简明扼要、易于操作、切实解决读者面临的真实问题。Instant Help Books是一家专门为儿童青少年以及家长提供心理类自助手册的出版公司，在行业内处于龙头地位，在2007年被New Harbinger收购。该品牌已成为认知行为疗法（CBT）"第三次浪潮"的代表，系列书籍使用接受承诺疗法（ACT）、辩证行为疗法（DBT）和正念减压疗法（MBSR），将传统认知行为疗法技术与正念和接受等其他方法相结合，用最先进的理念和手段向青少年传授行之有效的技能，以帮助他们应对来自父母、学校、社会甚至是他们自己的各种困境。截至目前，该系列已出版50多本著作，主题涵盖焦虑、抑郁等心理障碍临床表现，离婚、社交媒体等触发情境及因素，自我关怀、自信等自我探索与发展方面，以及正念、行动思维等帮助提升幸福感、保持身心健康的技能与手段等。该系列图书不仅能够帮助青少年应对危机、健康成长，也得到了家长、咨询师、治疗师、学校教师和辅导员的一致好评与推荐，其中多本手册再版，并被译作各种语言销往世界各地。

我们精心挑选了其中的8本图书引进到国内出版，涵盖目前我国青少年心理健康需要特别关注的8个方面，包括抑郁、焦虑、愤怒等情绪的调节，社交、父母离异等问题的应对，自伤自残现象的处理，自尊与自我价值的确立等。我第一次阅读出版社提供给我的原稿，就特别喜爱，认为对促进我国青少年心理健康是十分有帮助的。

受邀以来，我们遴选多名文字功底好、治学严谨、认真负责的青年教师和研究生承担翻译、校对等工作，最后由我本人对这些翻译稿进行统校。在翻译过程中，我们秉持客观准确反映原作观点的基本原则，致力于提高文本的实用性和可读性，使其真正服务于我国广大青少年，为他们排忧解难；同时，兼顾家长、校长、班主任和辅导员等群体，将本书打造为解决青少年常见心理问题的操作指南。

最后，我要由衷感谢湖南教育出版社以及陈慧娜、姚晶晶、张件元、陈逸昕、胡晓、崔沛源等各位编辑老师，感谢你们的慧眼和信任，让我们有机会翻译这么好的一套书，感谢各位编辑老师事无巨细的翻译指导和高质量编校。同时我要感谢参与本次翻译的各位成员努力与严谨的工作，他们是梁丽婵、刘昊林、蒋柳青、丁振、庄瑞雪、李海燕、黄婉婉、曾毅，正是大家的共同努力才使这么好的一套书能在较短时间内面世。

衷心盼望本书能够成为我国推进青少年心理健康教育的工具书！盼望每一个青少年能以乐观、积极、阳光的心态面对充满希望的人生！

边玉芳

2023 年 12 月 26 日于北京

前言

我十七岁的时候,也就是很久以前,"美国在线"(因特网服务提供商)刚刚成为主流。每次我使用拨号调制解调器,它都会发出响亮的尖叫声来提醒我正在使用因特网服务。但自1996年以来发生了很大变化!如今,社交媒体和智能手机为我们提供了与朋友、新闻和几乎任何话题的即时联结,就像把一套百科全书和所有朋友随身携带,伴随你一起出行。获得这些服务及其提供的信息是令人震惊和赞叹的,但保持健康的平衡也迫切必要,这也意味着知道什么是社交媒体使用过度或达到不健康水平的临界点是至关重要的。

这可以归结为对自己负责。与任何特权一样(是的,手机是特权,而不是普通的权利),你必须考虑使用过程中的安全问题,以及是否过度使用或误用。以驾驶汽车的特权为例,你需要学习道路交通规则,获得驾照,负责任地开车,否则就会产生严重的后果。同样,对于应该在社交媒体和电子设备上花费多少时间,我们总是把限度抛之脑后,在这方面的表现,青少年和成年人如出一辙。没错,这本书既适用于青少年也适用于成年人。我认识的许多父母和成年朋友,都能够从刻意关注屏幕使用时间,以及了解这本书提供的其他健康策略中获益。我也会仔细思考自己对电子设备的使用是如何减少我的睡眠和与人、宠物或自然面对面的时间的。我并不完美，这是真的，也没有人是完美的。这本书也没有规定我们中的任何人需要完美地使用自己的电子设备。这本书关注的是我们怎样去感知自己使用电子设备的行为，并对其负责，以及平衡其与其他方面的关系。

Goali Saedi Bocci 博士为了解、管理和帮助你的社交媒体使用提供了明确的步骤，为读者提供了容易实现的方法，以平衡屏幕使用时间、管理压力和掌控生活。她并非建议你停止使用电子设备或参与社交媒体；相反，与任何其他特权一样，她建议你考虑你的责任，如何使用它而不过度。同时，她还鼓励我们思考，当我们经常上网时，我们可能会错过的东西。

本书分为三部分。第一部分"摆脱对电子设备的依赖"是为了帮助你学习如何降低对电子产品的依赖。第二部分"可'应用'的生存技能"重点在于帮助你学会平衡虚拟"应用"与现实世界。第三部分"实现无电子产品的生活"包括帮助你了解现实生活中的潜在爱好，并利用这个新发现深入研究自我成长和个人发展。

我最喜欢这本书的一点是丰富的可操作活动。在这本书中，你将学会：如何保持身心健康；设置健康的边界；学习积极的方法；减轻压力和焦虑；锻炼自我同情、正念和接纳。而你会学到的东西还远远不只这些，书中有大量的干预实践，这些实践来自两种心理咨询的流派：认知行为治疗（Cognitive Behavioral Therapy，CBT）和正念干预（Mindfulness-Based Interventions，MBIs）。

有了汽车，你不需要知道如何将发动机组装在一起，也不需要了解底盘上所有工件的作用关系就可以驾驶；但你得知道汽油何时不足，以及何时需要给轮胎打气。作为用户，你有必要了解你的电子设备，而不仅仅是成为信息的被动观察者和接收者，这一点是很重要的。屏幕后面是什么？无论哪个网站，它都可能会被多达数百个的广告商追踪，这些广告商正在幕后收集你的信息。例如，在几乎任何网络浏览器上，你都可以进入开发者模式，看看哪些广告商正在获取你的信息和资源——你的人口统计数据、兴趣、购买风格、网站上花费的时间、定位等等。这些信息很有可能被出售给其他公司并被其利用来针对你和你身边的人。同样，当你在社交媒体上浏览网站或帖子时，你是不会知道屏幕后面正在发生的事情的。

这里有一个例子：设想一个13岁时注册并在社交媒体上发帖的人，他每天大约发布10次动态。到他20岁时，他将在七年内发布25550个帖子，这些信息被幕后的大企业充分利用以获利。这并不是说让世界触手可及没有什么好处。然而，如果你只是通过屏幕体验你的生活和世界，那么你就会错过每时每刻都在展现的真实生活。这就是有意识和有目的的生活。珍视你的生活，它真的很重要。不要有错失恐惧，要活在现实世界中！

——Gina M. Biegel，文学硕士，婚姻家庭治疗师，心理治疗师，研究员；*Be Mindful and Stress Less, Mindfulness for Student Athletes* 和 *The Stress Reduction Workbook for Teens* 的作者或合著者

致阅读本书的父母和专业人员

现如今，几乎见不到没使用手机的人。不管是排队点咖啡，还是坐在机场航站楼，作为人类，我们似乎无法克服检视手机的冲动。我们查询消息、提醒，以及是否有人回复了我们的帖子。即使我们没有和他人联系，也会看看天气、搜索新闻、在线购物、在播放列表滑来滑去，或做手机可以实现的其他数以百万计的事情。

尽管智能手机是我们这个时代最了不起的发明之一，但它也很快成为数字原住民（在网络时代成长起来的一代人）和高度关心幸福感的成年人的问题工具之一。科学研究证明，不断敲击电子设备会增加我们的焦虑。即使我们可以发送阅后即删的消息，清除他人对我们或我们对他人可能造成伤害的任何证据；但作为我们与朋友及同龄人建立联系的直接方式，社交媒体也会使人际交往中的欺凌、攻击性和敌意变得比以往任何时候都更普遍。

社交媒体能使我们同时拥有公开和私人的自我形象。我们可以有选择地与朋友和家人分享。我们可以有第二个 Instagram 账户，在那里我们有机会完全拥有另一个身份。在青少年探寻自我的时代，伪造个人资料来与全球的陌生人建立联系是让人想想就激动的。然而，虚拟连接可能会产生各种问题，青少年可能不知道应该如何处理这些使他们不舒服的情况，也不知道该向谁寻求帮助，而这些会给他们带来很多压力。

最后，对任何与情感或身体问题作斗争的青少年，社交媒体可能会使之进一步恶化。患有抑郁或焦虑的青少年可能会受到大量图片信息的"轰炸"，这会加重他们本身的情绪问题。有自我伤害行为的青少年可能会关注与自我伤害有关的信息，从而每次登录社交媒体时都会触发自我伤害。由于青少年可能对有类似问题的朋友高度移情，他们可能熬一整夜试图通过短信安慰朋友，这样可能会成功地安慰一个受伤的朋友，同时却令自己陷入抑郁或焦虑中。

根据 Pew 研究中心在 2018 年进行的研究，45% 的青少年"几乎一直"在线，这是由智能手机的广泛可及导致的；91% 的青少年至少是"偶尔"会用移动设备上网的。因此，本工作手册的目标有三个。鉴于手机是访问社交媒体的主要设备，首个目标是减少手机的屏幕使用时间和大多数社交媒体的使用量。研究显示，通过引入相关技能，我们可以将青少年对电子设备的依赖降到最低。所以，第二个目标是赋予青少年从虚拟世界进入现实世界的能力。尽管在青少年的虚拟世界里会发生很多事情，但黏在手机上可能导致他们错过一些非常好的机会，比如愉快的旅行或郊游，甚至是与朋友面对面的交谈。此外，青少年时期是尝试新爱好如运动、艺术和社会活动的基础时期。因此，本书的第三个目标是促进青少年发展新的爱好，更加积极地锻炼身体，深入研究自我成长和个人发展。本书还提供了管理焦虑和应对技能[①]的工具，以帮助青少

---

① 在外界应激事件不可避免的情况下，人们采取什么样的方式来应对应激，决定了适应的结果是积极的还是消极的，应对技能也就是帮助个体更好地适应社会、更好地生活的方法和技术。

年自信且兴奋地开始新的探索。

在接下来的内容中,我鼓励青少年和那些指导他们完成本册练习的人——无论是父母、教育工作者还是治疗师——当我们把眼睛从屏幕上抬起时,要对生活充满好奇。

致阅读本书的青少年

很可能在这一时刻，你的手机距离你只有 1.5 米甚至更近。事实上，这对我们大多数人来说都是真的。手机是我们的生命线，我们应该面对这个事实。当我们感觉不舒服时，我们可以打电话叫家长来接。手机也是我们与所有朋友联系的工具。没有手机的生活似乎是难以想象的，我不得不同意你的看法。毕竟，没有手机的话，我们还怎么能按时醒来、瞬间抓拍照片、与朋友分享我们的感受？但在与很多青少年的交流中，我意识到：尽管青少年喜欢通过短信和社交媒体与朋友保持联系，但他们也会通过这种方式从朋友那里接收到很多压力、焦虑和刺激。

很多时候，通过社交媒体或短信与朋友交流可能是积极的。朋友们可能会赞美你发的照片，或者在你过得很艰难时发来一条令人振奋的信息。然而，社交情境可能瞬息万变。过去是朋友的人，现在可能正在发布有关你或他人的刻薄言论。更糟的是，你在现实生活中从未遇到过的人可能会对你进行网络霸凌，生活由此变得比原本复杂得多。在日常努力跟上学业课程、运动和其他活动的压力以外，社交压力会使事情变得更糟。与朋友的关系出现问题会让你感到沮丧和孤独，手机和网络可能会使情况变得更糟，因为分歧可能通过消息和帖子比其他方式更快地升级。在你去冰箱拿零食的时间里，你可能会拿起手机看到几十条消息。

好消息是未必尽然。也许这本书是由父母、老师或治疗师送给你的。也许他们对你花在手机或其他电子设备上的时间表示担忧。或者，他们注意到你关注社交媒体后变得更加激越或紧张。无论哪种方式，这本书都是为了帮助你学会管理这样的压力，并减少花费在社交媒体上的时间。当青少年离开电子设备回归现实时，他们发现不仅生活还在继续，而且他们有更多的想法和更少的焦虑。他们能够在学校里更好地集中注意力，并真正融入现实世界的家庭度假和庆祝活动中。他们还会发现，自己一直担心的许多事情根本不会发生，这种担心只会给自己带来负面能量。

信不信由你，我合作过的许多青少年都秘密地分享过，有时当他们的父母强迫他们放下电子设备或把它们拿走时，他们觉得这反而是一种解脱。但也事不至此，理想情况下，你可以学会自己管理这些事情。毕竟，这是成为一个成年人的一部分！

在这本工作手册中，我们将向你介绍一些活动，旨在帮助你减轻压力并减少手机和其他电子设备的使用。通过征集家人（活动 07）和朋友（活动 08）的支持，你将学会设定界限（活动 09），学会识别不合理的想法并与之作斗争（活动 11 和 12）。通过良好睡眠（活动 17）和运动（活动 19）你将学会照顾自己，这些是健康的组成部分。你将学会进行自我照顾（活动 21）和滋养灵魂（活动 23），同时尝试度过一个无科技产品的周末（活动 27）。当你不再受虚拟生活长期压力的困扰，并开始过真实的生活时，你可能会惊讶地发现生活会变得那么美好。

contents 目录

CHAPTER 1 摆脱对电子设备的依赖

活动 01	我对社交媒体的使用真的存在问题吗？	002
活动 02	活在现实还是沉溺网络？	007
活动 03	哪些社交媒体是罪魁祸首？	014
活动 04	日常追踪记录	017
活动 05	改变的不同阶段	022
活动 06	为改变设定目标	027
活动 07	和整个家庭一起改变	032
活动 08	创建远离电子设备的净土	039
活动 09	设置边界来保持理智	044
活动 10	利与弊	048

CHAPTER 2 可"应用"的生存技能

活动 11	社交媒体压力管理	054
活动 12	设备处理的困扰	059
活动 13	当遭遇网络欺凌	066
活动 14	刻意创造无聊	072
活动 15	在不借助电子设备的情况下分散自己的注意力	078
活动 16	阅读书籍，而非屏幕	086
活动 17	睡眠和蓝光	090
活动 18	写日记而不是发推特	095
活动 19	不戴耳机锻炼	101

活动 20	网络时间管理	107
活动 21	社交媒体过载的自我关照	111
活动 22	滋养你的身体	116
活动 23	滋养你的灵魂	122

CHAPTER 3 实现无电子产品的生活

活动 24	虚拟世界到现实世界	128
活动 25	为朋友腾出时间	132
活动 26	自我伤害与社交媒体	138
活动 27	无科技产品周末	147
活动 28	"智能"与"简易"手机	152
活动 29	培养自我同情	157
活动 30	展望未来	161
活动 31	做出承诺	167

| **结论** | | **171** |
| **参考文献** | | **173** |

CHAPTER

1

摆脱对电子设备的依赖

活动 | CHAPTER 1 | 摆脱对电子设备的依赖

01 我对社交媒体的使用真的存在问题吗？

你需要了解　在对问题行为设定限制方面，许多人都面临困难。有时候我们容易给一些行为贴上"成瘾"或"痴迷"的标签，但这并不意味着达到了临床意义上的评定标准。不过，即使很多问题行为达不到诊断标准，我们也应该严肃对待。

现如今，几乎每个人都会使用电子设备，并经常在线或与朋友联系。考虑到这一点，你可能觉得自己的使用行为没有任何问题。毕竟，这不是青少年时期的全部吗？也许你朋友的父母给他们设定了严苛的社交媒体使用时间，又或许有些同龄人可以随意地玩手机。无论哪种情况，你可能都不确定你对社交媒体的使用是否真的存在问题。

指导语

完成下面的自我评估问卷,你会了解更多有关自己使用社交媒体的情况。尽量保证作答的真实客观性,出于各种原因,很多时候我们在自我评价时会给出违心的答案,以使自己看起来更像是我们想要的而非真实的样子。尽量不要过度思考这些选项,根据你的直觉又快又准地下判断。

完成后,仔细检查你的答案并对其打分。"几乎没有"计1分,"很少"计2分,"有时"计3分,"经常"计4分,"总是"计5分。计算得到的总分,如果总分在24~30之间,那么你在面对社交媒体时存在的问题可能比你想象的更严重。

你花很多时间在思考或计划如何使用社交媒体上。
☐ 几乎没有 ☐ 很少 ☐ 有时 ☐ 经常 ☐ 总是
评分:_____

你使用社交媒体的冲动越来越强烈。
☐ 几乎没有 ☐ 很少 ☐ 有时 ☐ 经常 ☐ 总是
评分:_____

你使用社交媒体是为了忘掉自己的烦恼。
☐ 几乎没有 ☐ 很少 ☐ 有时 ☐ 经常 ☐ 总是

评分：_____

你尝试减少社交媒体的使用，但没有成功。

☐ 几乎没有　☐ 很少　☐ 有时　☐ 经常　☐ 总是

评分：_____

如果你被禁止使用社交媒体，你会变得心烦意乱。

☐ 几乎没有　☐ 很少　☐ 有时　☐ 经常　☐ 总是

评分：_____

过多地使用社交媒体，导致你的工作或学习受到负面影响。

☐ 几乎没有　☐ 很少　☐ 有时　☐ 经常　☐ 总是

评分：_____

总评分：_____

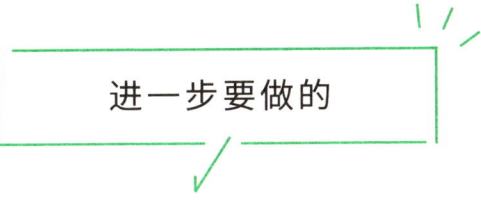

完成自我评估后，和自己信任的 2～3 位朋友分享评估问卷，并让他们也参加测验。然后，你们可以作为一组讨论一下彼此的社交媒体使用情况。以此为契机，讨论以下问题，并在下面记录你的答案。

- 你对总评分的整体印象是什么？你是否惊讶地发现，与你最初的预测相比你的得分更高或更低？

- 对你而言，是否存在某一个特别突出的问题？为什么？

- 和你的朋友讨论，对社交媒体或电子设备的依赖是如何成为问题的？

● 为了使自己与电子设备之间的关系更健康，你们可以为彼此提供怎样的帮助？

| 活动 | CHAPTER 1 | 摆脱对电子设备的依赖 |

02 活在现实还是沉溺网络？

你需要了解

与大多数习惯一样，问题行为通常不会引起我们的注意。也许我们身边的家庭成员或朋友也存在这种情况——习惯性地做出有害行为而没有意识到。又或者他们意识到了，但很难做出改变或寻求帮助。亲人朋友提供的意见和积极的支持往往是他们走向改变的第一步。

"你总是玩手机！"

"你能把那东西放下一分钟吗！"

"你对手机上瘾了。"

也许这些是你从长辈、老师甚至朋友那里经常听到的抱怨。但当你看向身边的人时，你认为这些担忧似乎被夸大了。因为你的朋友 Josh 睡觉时把手机放在枕头下面，Sara 在洗澡的时候也带着手机。在你看来，似乎他们才是有问题行为的人，而不是你。因为你知道存在更糟糕的情况，所以很难理解家人或朋友对你的担心。你也可能认为，其他人不理解回复朋友消息的紧迫性，或者如果你不使用电子设备进行即时沟通就会被朋友排挤。

回忆一下，是否有某个时间，你确实表现出了某种问题行为，但你没有注意到。也许你在睡觉时无意识地抓头发或皮肤，或者磨牙。你当时可能很焦虑，甚至不知道发生了什么。直到你的朋友指出你脸上有血，或者父母提到你磨牙，你才意识到确实发生了一些令人担忧的事情。很多时候，这些已经成为自然的习惯会大摇大摆地出现在我们身上，而我们甚至不会质疑它们的存在。在有人告诉我们之前，我们不会意识到自己出现了问题行为。这种情况下，获得来自受信任的朋友和长辈的建议是有帮助的。它们可以帮助我们深入了解自己存在的问题行为，以及可以从哪些方面去改进。

指导语

找到你信任的三个人（至少包括一个成年人），并询问是否能和他们聊聊你使用电子设备相关的行为问题。要求他们尽可能诚实地回答，并对他们的答案保持开放的心态。

受访者 #1：

姓名：_____   与你的关系：_____

● 你会如何描述我与手机的关系？与社交媒体呢？

_____
_____
_____

● 在上面的关系中，有关我使用行为的哪一方面是令你担忧的？

_____
_____
_____

● 你认为在你注意我的时间中，我有多少时间（占多大比例）是花费在手机、其他电子设备或社交媒体上的？

_____

● 我是否经常看起来心不在焉，或者似乎我没有真正和别人在一起？

● 我的屏幕使用时间有问题吗？

受访者 #2：

姓名：＿＿＿＿＿＿＿＿　　　与你的关系：＿＿＿＿＿＿＿＿

- 你会如何描述我与手机的关系？与社交媒体呢？

- 在上面的关系中，有关我使用行为的哪一方面是令你担忧的？

- 你认为在你注意我的时间中，我有多少时间（占多大比例）是花费在手机、其他电子设备或社交媒体上的？

- 我是否经常看起来心不在焉，或者似乎我没有真正和别人在一起？

- 我的屏幕使用时间有问题吗？

受访者 #3：

姓名：_____　　　与你的关系：_____

🟢　你会如何描述我与手机的关系？与社交媒体呢？

_____

_____

🟢　在上面的关系中，有关我使用行为的哪一方面是令你担忧的？

_____

_____

_____

🟢　你认为在你注意我的时间中，我有多少时间（占多大比例）是花费在手机、其他电子设备或社交媒体上的？

_____

🟢　我是否经常看起来心不在焉，或者似乎我没有真正和别人在一起？

_____

_____

🟢　我的屏幕使用时间有问题吗？

_____

_____

进一步要做的

在你完成访谈后，花一些时间来反思他们给出的答案。

- 请分享访谈中最令你感到吃惊的答案。

- 在所有答案中，有没有你十分赞同或反对的？是什么导致了你的赞同或反对？

- 你认为有什么小方法可以让你开始做出改变，让自己更贴近周围的人并参与他们的现实活动（例如，吃饭时不要把手机放在桌子上，一家人一起看电影时把你的电子设备放在一边）？如果你还有其他想法，请在下面列出：

活动 | CHAPTER 1 | 摆脱对电子设备的依赖

03 哪些社交媒体是罪魁祸首？

> **你需要了解**
>
> 71% 的青少年表示使用了一种以上的社交媒体平台。作为决定要做出改变的第一步，你可以检查哪种媒体占据了你最多的时间。

当提到社交媒体时，我们会立即意识到其中包含了大量的应用程序、平台和媒介。对青少年来说，他们与社交媒体的关系是与众不同的。也许他们会把所有的时间都集中在一个平台上，比如 Facebook，或者他们会将注意力分散到几个不同的应用程序上。又或者他们在一个应用程序上使用多个身份（开小号），例如 Instagram。为了帮助你和那些支持你调整社交媒体使用的人，建议静下心来看看到底哪些社交媒体是罪魁祸首。

指 导 语

以下是一些最常用的社交媒体应用程序。看看你都用了哪些，并在你每天都会使用或主要使用的社交媒体前面标记"×"。如果你的答案中有列表中没有涉及的应用程序，请在"其他"处添加：

_____ 微信　　_____ QQ　　_____ 微博

_____ 抖音　　_____ 快手　　_____ 哔哩哔哩

_____ 知乎　　_____ 小红书　　_____ 贴吧

_____ 豆瓣　　_____ 简书　　_____ 今日头条

其他：_____

- 你在这些社交媒体应用程序中是否有多个身份（小号）？如果有的话，是在哪个（些）平台，有多少身份（小号）？

_____

_____

- 当你看到所有社交媒体时，是否有一些你已经失去兴趣或很少使用的应用程序？你是否考虑全部删除这些应用程序或注销您的账户？

_____

_____

进一步要做的

许多青少年使用追踪软件来记录在线的时间，以及检查自己到底在每个应用程序上花费了多少精力。你可以通过 Moment 之类的应用程序或"屏幕使用时间"等手机的内置功能了解花费在手机上的时间，其中一些甚至可以帮助你开始设置限制。你可以预设指定的时间，在达到这一限制后，你将无法再访问特定应用程序。建议你下载此类应用程序或开启相关功能，并收集下一周的使用数据。在下面记录你的发现：

| 活动 | CHAPTER 1 | 摆脱对电子设备的依赖 |

04 日常追踪记录

你需要了解

忘记时间是很容易的事，特别是青少年在生活忙碌的情况下。不仅要考虑作业和体育活动，还要为家人和朋友留出时间，这时你可能会感到时间不够用。尽管你可能大致知道时间都去哪了，但追踪它可以启发你发现时间流逝在哪里。

大多数青少年已经熟悉了日程计划的概念。他们用它来安排各种任务，有时也记录预约和承诺。其中一些人倾向于以天为单位安排计划，而另一些人则习惯于按小时记录，以便更好地履行。在这里，你将使用以小时为单位的日程计划来了解每天的时间都去哪了，重点是检查你花费在电脑、手机或其他电子设备上的时间。情绪追踪在很多类型的治疗中都很常见，可以帮助你了解情绪是如何每日或每周波动的。借助后面的表格，你可以追踪自己的日常活动和情绪，也许你可以从中发现某种规律。

也许你的一些朋友已经开始以类似的方式追踪他们的时间。也许你的朋友 Gracie 使用小时日程表来安排从排球练习到钢琴再到课后辅导的活动，如果不去追踪自己该做的事情，她可能会面临混淆预约或无法及时应约的风险。她甚至可能借助计时器来限制自己使用 Facebook 或其他社交媒体的时间，以避免过长时间的浏览。或者说，你可能也会有像 Taylor 这样的朋友，不使用任何类型的日程规划。他们经常晚交作业，也不知道自己应该去哪里，总是疲惫、烦躁和紧张。他们可能会感叹，自己总是忘却了时间，永远做不成任何事情。

制订一个时间表来看看我们的时间到底去了哪里，它可以提供大量的信息，并为我们节省宝贵的时间。例如，如果你开始意识到每晚都在手机上浪费两三个小时的话，以后你可以将这些时间用来完成你本打算绘制的画布。

指导语

使用下一页的表格，以追踪你从早晨开始直到晚上就寝期间的日常活动。尽管这一周大部分时间你都在上课，但你同样要记录你在课间和朋友聊天或使用手机及其他电子设备的时间。许多学校要求在课堂上使用电脑，你也需要把这些被要求使用电子设备学习的时间记录下来，这样你就可以获得每天花在电子设备上的总时间。每天结束时，从总体上给你的情绪打分，1 代表糟糕透了，10 代表愉快极了。

	星期一	星期二	星期三	星期四	星期五	星期六	星期日
6：00							
7：00							
8：00							
9：00							
10：00							
11：00							
12：00							
13：00							
14：00							
15：00							
16：00							
17：00							
18：00							
19：00							
20：00							
21：00							
22：00							
23：00							
24：00							
浏览电子设备的总时间							
情绪评级（1 = 糟糕透了；10 = 愉快极了）							

进一步要做的

花一些时间反思你从一周的日程和情绪追踪中的发现。

● 经过这一周的记录，你认为最突出的体验是什么？

_____
_____
_____

● 哪一（些）天是你感觉最棒的？为什么？

_____
_____
_____

● 哪一（些）天是你感觉最糟糕的？你认为是什么促成了这种感受？

_____
_____
_____
_____

● 你认为可以改变哪些行为来改善情绪和日常生活？

_____
_____

活动 **05** | CHAPTER 1 | 摆脱对电子设备的依赖

改变的不同阶段

你需要了解

大多数人都很难做出持久的改变。想一想，你可能已经多次试图减肥或锻炼，但总是坚持不了几天。这并不是只有你自己会出现的问题。了解成功改变所涉及的不同阶段有助于提高你成功的概率。

任何改变的开始都会让人感到害怕和困惑。虽然有时候我们知道自己想要改变什么，但不知道该从哪里入手。1992年，临床心理学家詹姆斯·普罗查斯卡（James Prochaska）和卡罗·迪·克莱门特（Carlo Di Clemente）开发了一个有效的结构框架，可以帮助人们了解做出改变所需要的不同阶段。他们的"变更模型"解释了做出持久改变所涉及的不同步骤，包括前意向阶段、意向阶段、准备阶段、行动阶段和保持阶段。

在前意向阶段，人们通常完全不知道自己存在任何类型的问题行为。例如，有的年轻人在开车的时候发信息，他可能根本不认为这有问题，所以他没有意识到需要改变自己的行为。

在意向阶段，人们逐渐意识到自己存在某种问题，并开始思考自己是否需要做出改变。还是前面的例子，年轻的司机边发短信边开车，这导致几乎要追尾前面的汽车，把他吓坏了，于是他开始考虑也许自己不应该在开车的时候发信息。

准备阶段包括收集资源和工具并为行为改变设置日期。也许刚才提到的司机选择将手机置于飞行模式，并确定某一天来实施这种改变。他可能会告诉父母，当他到达目的地时再发短信，或者如果必须回短信的话，就在允许停车的地方完成。准备阶段是该过程中的一个重要步骤，因为它为成功奠定了基础。

在行动阶段，所要完成的行为改变被最终确认。这名年轻司机打开了手机的勿扰模式，把它放到视线以外，并让其他人知道在自己开车的时候无法回信。他最终尽全力改变了自己的行为。

保持阶段包括持续不断地强化或行动来保持改变后的行为。我们很容易在设定新目标的一周后就把它抛之脑后，所以在保持阶段中，我们可以引入定期奖励来维持行为。例如，年轻司机可能会买一个新的手机外壳或音乐软件会员，以此作为不再边发短信边开车的奖励。为适应个人的目标和独特的环境，保持阶段可以是非常个性化的。

指导语

设想一个你想要改变的行为。它可能与你的社交媒体或电子设备使用有关，也可能是身体健康方面的目标。写下你的目标，即想要改变的行为：

借助下面的流程图,看看你现在处于变更模型的哪个阶段,并填写接下来的步骤是什么样的。有可能你已经提出了目标,那么祝贺你,你已经通过了前意向阶段,可以迅速采取行动了,只要头脑风暴下一阶段的做法,就可以帮助你朝着希望的方向发展。

前意向阶段
_____

意向阶段
_____

准备阶段
_____

行动阶段
_____

保持阶段
_____

进一步要做的

- 利用你写下的目标,想想下一阶段对你来说是什么样子的。也许你处于意向阶段,想着是否要删除一些社交媒体程序或开始健身运动。请列出下一周你可以采取的三个步骤,这些步骤可能会帮助你进入下一个阶段(在此处所述的示例中,将是准备阶段)。

_____
_____
_____

- 现在,看看你是否可以实现这些步骤。大约一周后,考虑你是否准备好进入下一阶段,并重新翻到工作手册中的这一页。如果你已经准备就绪,请在此列出下一阶段:

_____
_____
_____

- 然后,再列出另外三个可以帮助你进入下一阶段的做法,并检查自己是否还可以实现这些步骤:

_____
_____
_____

| 活动 | CHAPTER 1 | 摆脱对电子设备的依赖 |

06 为改变设定目标

你需要了解

即使对最有决心的青少年来说，设定目标也可能具有挑战性。他们很快就会发现，实现目标可能比预期要困难得多，无论是新年愿望——暑期阅读更多书刊的目标，还是尽早开始作业的计划。然而，事实证明，并非所有的目标都是这样。

想想你上次决心改变并获得成功是什么时候，再回忆一下那些没有达到目标的时候。这些经历有什么不同？也许你会更自然地对一个目标有动力，或者把它拆分成很多小目标来实现。普遍地说，如果我们的目标过于笼统或开放式，我们可能会不知所措，完全失去动力；而如果我们把目标设定得太窄或太简单，我们可能不会像自己希望的那样成长或做出实质改变。

SMART 目标是设定目标时的常用框架，指具体的、可测量的、可达到的、现实的和有时限的目标。我们中的很多人都倾向于设定过于宽泛的目标，因此可能不知道该如何开始努力。SMART 框架可以通过引导我们在设定目标时尽可能地使用清晰的定义，来防止这种情况的发生。下面是青少年通常设定的典型目标（错误案例）与 SMART 目标的示例。

典型目标： 减肥塑形

SMART 目标：

- 具体的：减肥的第一步，先跑 5 千米。
- 可测量的：每周跑步 3 次，每次 30 分钟。
- 可达到的：我目前的状态良好，可以从慢跑开始，然后逐渐加速。我住的地方也经常组织 5 千米赛跑。
- 现实的：我将在 6 个月的常规慢跑后参加 5 千米赛跑。目前看来，完成马拉松比赛可能并不那么现实。
- 有时限的：我计划通过 6 个月内每周 3 次、每次 30 分钟的跑步训练来达到减肥和 5 千米赛跑的目标。

尽管需要更多的精力来制订 SMART 目标，但尽可能地使目标具体化能显著提升你成功的概率，你也能更清楚地了解需要特别注意哪些潜在的隐患。

指导语

花一些时间来好好想想，在改变社交媒体和电子设备使用行为方面，你的目标可能是什么。也许你过去尝试过更宽泛的目标，例如，"我会减少使用手机"或"我会在吃饭的时候关闭手机"，却发现没有什么效果。无论你的目标是关于电脑使用、玩游戏还是避免边开车边发短信，为自己设定具体的目标都十分重要。当你借助这本书来解决问题的时候，你可以参考这些目标。

利用下面的活动来制订两个你想要实现的目标。其中一个可以与你的电子设备使用相关，另一个可以是你的个人目标（例如，健康饮食、早睡早起），以帮助改善你的整体健康状况。

SMART 目标 #1：

- 具体的：_____
- 可测量的：_____
- 可达到的：_____
- 现实的：_____
- 有时限的：_____

SMART 目标 #2：

- 具体的：_____
- 可测量的：_____
- 可达到的：_____
- 现实的：_____
- 有时限的：_____

进一步要做的

既然你已经设定了两个目标,那就选择一个付诸行动!在你的日历上圈出实现预期行为改变的最晚日期。然后,往前倒推,一步一步地实现你的目标。

- 你可以公开宣布这个目标,来更好地激励自己。尽管对大多数青少年而言,有关目标的宣言会自然地出现在社交媒体上,但也可以考虑另一种声明的方式,比如在纸上写出来,并张贴在冰箱或你的卧室门上。把你的计划写在下面:

_____
_____
_____
_____

- 为了进一步激励自己坚持实现新目标,你可以选择采取行为心理学家所说的"积极强化"措施(例如,吃美味的蛋糕或看想看的电影)。当然,最好的动机来源于内心的成就感,但偶尔一点点奖励也是很好的选择。请列出三个可能帮助你坚持实现目标的积极强化措施:

_____
_____
_____

活动 **07** | CHAPTER 1 | 摆脱对电子设备的依赖

和整个家庭一起改变

> **你需要了解**　在做出重大人生改变时，获取支持是必不可少的。对青少年来说，家庭是支持的主要来源。家庭成员可以帮助他们坚持目标并最终取得成功。因为家庭通常是青少年除学校以外花费时间最多的地方，在这里进行改变会建立一个强大且健康的基础。

　　许多青少年认为，父母强加给他们的目标正是因为父母自己能够从中受益。也许父母不停地唠叨让你把手机收起来，即使他们自己还在手机上浏览新闻或电子书。如果其他家庭成员都和电子设备密不可分、藕断丝连，那么期待你做出改变也并不现实。正是出于这个原因，许多治疗师建议在全家创造一种改变的氛围。

如果一个家庭成员试图减肥，那其他成员可能就不得不受到减肥健康餐的折磨。饼干不再唾手可得，沮丧和抗拒的情绪悄然而至，这也同理于进行各种针对电子设备的"节食"。也许其他家庭成员找不到任何改变自己行为的理由，他们也可能认为自己的设备使用对自己没有影响——或者他们对你成功减少设备使用时间感到兴奋和喜悦，以至于他们也很乐意放下自己的手机。无论你的家庭情况是哪一种，都请保持开放的心态和积极乐观的态度！

指导语

与家庭成员商量,放下他们自己的手机,并帮助你脱离电子设备,这可能会让你感觉有点不安。毕竟,一旦公之于众,再想回头就很困难了。你可以花一些时间制订一个清晰的议程表,以帮助自己增强公布这一消息和实现全家改变的自信。为了帮助你开始,请填写下表。

你现在可能只能填写前半部分,但它可以帮助你准备好和家人们一起讨论,头脑风暴如何创建目标并确定适当的奖励。

家庭会议议程

会议日期:＿＿＿＿＿＿　时间:＿＿＿＿＿＿　地点:＿＿＿＿＿＿

简要介绍:＿＿＿＿＿＿＿＿＿＿＿＿＿＿＿＿＿＿＿＿＿＿＿＿＿
＿＿＿＿＿＿＿＿＿＿＿＿＿＿＿＿＿＿＿＿＿＿＿＿＿＿＿＿＿＿＿
＿＿＿＿＿＿＿＿＿＿＿＿＿＿＿＿＿＿＿＿＿＿＿＿＿＿＿＿＿＿＿

(写下你认为的会议目标——例如,讨论家庭手机依赖问题。)(5～10分钟)

目标1:＿＿＿＿＿＿＿＿＿＿＿＿＿＿＿＿＿＿＿＿＿＿＿＿＿＿＿
＿＿＿＿＿＿＿＿＿＿＿＿＿＿＿＿＿＿＿＿＿＿＿＿＿＿＿＿＿＿＿
＿＿＿＿＿＿＿＿＿＿＿＿＿＿＿＿＿＿＿＿＿＿＿＿＿＿＿＿＿＿＿

(在这里,你可以填写你希望看到的家庭变化——例如,一个具体的改变,比

如 17：00 后不玩手机）(5～10 分钟)

目标 2：

（列出你自愿并计划进行的电子设备使用行为的改变。）(5～10 分钟)

目标 3（可选）：

（列出你自己或家庭成员的任何其他积极、健康的改变。）(10～15 分钟)

公开讨论：

（本次讨论是家庭成员进行权衡、交流，表达反对和担忧或支持和喜悦的机会。如果你愿意，可以在此记录他们的意见。）(5～10 分钟)

头脑风暴：

（列举想要做出的改变以及实现改变的方式。）(10～15 分钟)

最终产生的 SMART 目标：

SMART 目标 1：
- 具体的：_____
- 可测量的：_____
- 可达到的：_____
- 现实的：_____
- 有时限的：_____

SMART 目标 2：
- 具体的：_____
- 可测量的：_____
- 可达到的：_____
- 现实的：_____
- 有时限的：_____

(5～10 分钟)

实现目标的奖励： _____
_____
_____

（列出可能的家庭奖励清单，如比萨之夜或野营之旅。）

会议结束！

进一步要做的

现在有了议程表，你可以付诸行动了！询问父母你是否可以召集一个家庭会议，也许是在餐桌周围，或者是在大家一起放松的星期五晚上。如果你想提前告诉他们，这次会议主题是有关手机的使用问题，也没有问题。你也可以征求意见，边吃零食或冰激凌边讨论，以使氛围更加轻松。你可以选择为每个人打印议程，或者拿一个大的海报板来一起头脑风暴。只要大家一致同意，你想怎样设计都可以。

一旦你召开了会议并提出了自己的目标，请考虑使用后面的家庭电子设备使用追踪表，以帮助你对所有行为负责。写下与电子设备相关的目标，在相应的方框中标记"×"，以明确它是针对特定家庭成员、你独有还是和所有人有关。如果仅涉及一个人，则写下他的姓名。然后，每天以 1 到 10 对每个成员达到目标的情况进行评分（例如，目标是每天使用手机不超过 1 小时，可能你的弟弟在大约 70% 的时间里表现良好，那么评分为 7）。理想情况下，在家庭会议后的第二天就可以开始使用追踪表了。

目标：_____

时间	某个（些）家庭成员	你自己	整个家庭
星期一			
星期二			
星期三			
星期四			
星期五			
星期六			
星期日			

活动 08 | CHAPTER 1 | 摆脱对电子设备的依赖

创建远离电子设备的净土

你需要了解

社会支持是推进改变从而实现目标最有效的方法之一，也可以保护我们免受日常生活的压力。在进行改变之前，尝试建立一个能提供强力支持的朋友圈，可能会给你带来意想不到的效果。拥有志同道合的朋友，对我们尤其有益，这样在努力的过程中就不会感到孤独。

与大多数青少年一样，你可能会发现，很多时候和朋友一起出去玩，每个人都在全程玩手机。也许你正在分享视频或图片，或者评论另一个朋友刚刚在社交媒体上发布的内容。无论你去干什么，手机都是目前社交生活的重要一环，你似乎很难成为唯一一个手头没有手机的人，这样可能会感到尴尬或被排斥在外。然而，很有可能你的朋友也在努力为他们的电子设备使用设定限制；即使他们不认为自己的行为存在问题，好朋友也会支持你为自己制订健康的目标。虽然暂时关掉手机的想法可能会让你感到不舒服或害怕，但沟通是你向朋友们表达需求的第一步。

在心理咨询中，当我们做练习涉及他人时，经常会提出角色扮演的想法。例如，我们可能会尝试将咨询师当作父母，以展开一段很难说出口的对话；或者可能把朋友当作喜欢的人，尝试邀请他一同去参加学校的舞会。一开始我们可能会觉得这样的练习很愚蠢，但当我们真正面对那些令自己感到困难的话题时，它能帮助我们体会到自己最真实的想法与感受。一旦我们沉浸其中，就可能会意识到，在引入这个话题时，我们很容易拐弯抹角，或者发出掩饰的、不自在的笑声。不断地练习准备说的话是成为有效沟通者最好的方法之一。

指导语

下面是一些角色扮演剧本，其中包括向朋友表达你改变设备使用相关行为的意图。因为你最终会把这些改变告诉你的朋友，请你在能给你安全感的人（成年人是最佳选择）面前练习，甚至在狗狗面前。填写你在这些场景中可能说的话，并考虑选择某人帮助你完成角色扮演，以进一步阐述场景。这样，你就可以为后续问题的回答做好准备。

- 现在是课间休息，你想和朋友谈论改变或减少手机使用的问题。你会说什么？

- 在校车上，你的朋友正在玩手机游戏，你想和他聊聊怎样减少你玩游戏的时间。你会说什么？

- 在一个生日派对上，每个人都在看手机，但你想把话题转移到更严肃的事情上。你会说什么？

进一步要做的 ✓

在花一些时间浏览各种情境后,迈出下一步,去落实这些对话可能是你表达沟通意图和减轻焦虑的有力方法。

在下面的空白处列出那些你想交谈的亲密朋友。在每个人的名字旁边,描绘具体的情境:你打算在什么时候、在哪里进行这个对话。在开始谈话后,写下它是如何展开的。下面示例可以帮助你理解。

姓名: Juan

情境: 在去足球比赛的大巴上

如何开展的: 我们正在讨论即将到来的比赛,同时在手机上查看所支持队伍的数据。我偶然地提到了打算怎样开始通过杂志和报纸而不是社交媒体来了解球队的信息。Juan 感到惊讶,但总体上表示支持。

姓名: _____

情境: _____

如何开展的: _____

_____

_____

姓名：_____

情境：_____

如何开展的：_____

_____

_____

姓名：_____

情境：_____

如何开展的：_____

_____

_____

之后，选择一天来分享关于改变设备使用行为的计划。完成后，简要概括朋友们的反应：

_____

_____

_____

_____

_____

现在你已经和朋友分享了你的打算，你觉得怎么样？是否感到更加被支持？这是否有助于减轻你对过多使用手机或其他设备的焦虑？

活动 09 | CHAPTER 1 | 摆脱对电子设备的依赖

设置边界来保持理智

> **你需要了解**
>
> 设定健康的边界是每个个体情绪健康的关键。无论是在学业、体育还是课外活动中，甚至是在家里，青少年都被要求尽可能多地投入精力。学会拒绝是很困难的，在许多情况下，那些说"不"的人也确实可能受到惩罚。练习怎样拒绝额外的压力以及如何关怀自己是设置边界的重要环节。

回想一下你上次对一个需要帮助的朋友伸出援手是什么时候。对许多青少年来说，这几乎每天都会在社交媒体上发生。他们经常给那些受同学、家长或是学业困扰的朋友提供建议。事实上，许多青少年认为他们是一群朋友中的"治疗师"，每个人都会向他们寻求帮助。尽管通过良好的倾听或分散注意力来帮助朋友是一项不错的能力，但青少年可能很快陷入无法应对的局面。那些自认为是治疗师的青少年也报告有时会不知所措，每个人都向他们寻求帮助，他们却不知道自己有需要的时候该向谁求助。

设定健康的边界，要学会明白应该何时倾听朋友的困境，何时让步于受信任的成年人和咨询师进行专业的干预。由于社交媒体的天然属性，往往是其他同龄人比家长和咨询师更早得知某人处于情绪痛苦中，这些同龄人的第一反应是介入并提供帮助。然而，青少年不是训练有素的治疗师，很快就会失控，最后可能焦头烂额无法应对。学会倾听并适时转介给受信任的成年人是设定健康界限的重要一步。

指导语

下面的列表提供了朋友间设置健康边界的一些关键要素。在你已经做过的事情旁边标记"√",在你还需要努力做到的事情旁边标记"×"。

☐ 我告诉我的朋友,当他们有需要时可以联系我,但我知道这并不意味着我会 24 小时待命。

☐ 我晚上关掉手机和其他电子设备,不再回复可能在我睡前出现的"紧急"消息。如果朋友有这样做的习惯,我和他们一起解决这个问题,并恳请他们向他人求助或向成年人倾诉。

☐ 当我感到不知所措,没办法像对待我自己那样处理别人的问题时,我会直言不讳。

☐ 我知道当别人依靠我提供帮助时,该如何练习自我关怀,先照顾好自己。

☐ 当帮助朋友会给我自己造成损失时,我会自然而然地把他转介给其他可以信任的成年人。

☐ 我能够在晚上关闭社交媒体和其他电子设备,并为我自己留出时间来好好休息、恢复活力。

☐ 当我感到负担过重时,我会主动与父母交谈并在之后感到舒适。

进一步要做的

反思过去在与朋友设置边界时面临的困难。

- 你认为最困难的是什么?

- 你以后打算怎样强化边界来使它更明晰?

- 你会怎样向朋友解释你需要明晰的边界?

- 你认为设置健康的边界可以怎样帮助你实现全面的心理健康?

活动

10 | 利与弊

CHAPTER 1 | 摆脱对电子设备的依赖

> **你需要了解**
>
> 制订利弊清单是用来确定是否要采取某些行动方针的常用方法。使用这样的列表可以帮助你意识到面对改变时的不确定性或恐惧心理。当你不得不去判断一个因素是积极的还是消极的时候，它还能帮助你厘清那些你不能确定的部分。

无论是在决定要不要去排球校队试训，还是在犹豫申请哪个学院，你都可以尝试使用利弊清单。有些人会使用更为复杂的形式，例如给清单上的某些因素分配数字或权重，而仅仅是体验创建清单的过程，都有可能帮助试图做出重大决定的人。

指导语

下面是一个列表的示例,来帮助你头脑风暴。在空白处添加你自己的想法。

目标: 减少我的社交媒体使用

利	弊
我不再经不住手机的诱惑熬夜到很晚,结果可能会享受到更优质的睡眠	我不能及时地和朋友做一些事
我不再因为要捕捉我所有社交媒体订阅的新闻而感到太大的压力	

现在根据你在活动 6 中为自己设定的目标创建一个利弊清单。

目标: _____

利	弊

进一步要做的

在完成利弊清单的填写后,许多青少年会发现,好处越多,就越容易做出积极的改变。要继续巩固你的新目标,请考虑以下方法:找两个玻璃瓶(或者是杯子、其他小容器),在一个上面标记"利",另一个上面标记"弊"。收集一些雪糕棍,或者纸片也行。当你开始实施目标并不断找到新的理由来巩固目标时,请写下这些新的理由并将其放入"利"瓶子中。在感到困难的那些天里,你可以写下一个弊端并把它放进"弊"瓶子里。坚持整整一个月,看看会发生什么。你可能会发现一个瓶子比另一个瓶子更满!你可以将这个方法尝试运用于自己设定的其他目标中。

CHAPTER

2

可"应用"的生存技能

活动 11 | CHAPTER 2 | 可"应用"的生存技能

社交媒体压力管理

> **你需要了解**
>
> 虽然我们学习了许多达到学术和职业成功的重要技能，但很少有人告诉我们压力管理的重要性。我们经常会得到一些毫无帮助的建议，比如"放松一下"，而没有真正学习过具体的、应对焦虑的方法。学会识别和分析我们的不合理想法是应对焦虑的一种有效方法。

我们每天都有数以千计的想法，而且它们经常会以消极的形式出现。当我们整天忙于各种活动或试图达到自己或他人的期望时，我们的焦虑可能会泛滥。许多从未经历过任何焦虑的人对其身体的强烈反应感到惊讶。有些人会因焦虑而出现惊恐发作、心跳加速、出汗或思维混乱的症状。还有一些人接纳焦虑作为日常生活的一部分，而没有产生上述躯体反应。

由于社交媒体的世界充满可能激发焦虑的场景，因此，学会分析想法，辨别消极思维陷阱，对任何正在经历焦虑的青少年而言，都是一种非常有用的方法。一些最常见的不合理想法如下：

非黑即白思维
（也称为全或无思维）

这种不合理想法，意味着你在压力环境中看不到一件事的灰色的阴影部分或其他可能性，即认为这件事是非黑即白的。

- **不合理想法**：你最好的朋友没有像往常一样迅速回复你发的信息，你认为他们不再想做你的朋友。
- **现实**：他们的手机可能没电了，而充电器又落在了家里。

灾难化

这种不合理想法指的是只看到一件事的最差的情况。

- **不合理想法**：朋友发布了令你尴尬的照片或视频，你认为你的声誉被永久地污染了。
- **现实**：随着时间的推移，人们会忘记这一事件，并把注意力转向新的事件。

先入为主
（猜测别人的想法或预测未来）

• **不合理想法**：你的女朋友平时很擅长表达，当她用了一个表情来回应你最后一条信息时，你认为她对你失去了兴趣，正在给别人发信息（猜测别人的想法）。你的大脑开始想象她与你分手的情景（预测未来）。

• **现实**：你没有任何证据支持这些结论。相反，这些不合理的想法往往意味着你正在以消极的方式看待一件事情。

指导语

想想上一次在社交媒体上遇到的压力情境。

● 在这里描述场景:

_____
_____

● 现在,看看在你刚刚看到的几种不合理想法中,是否有符合以上场景的思维方式。是否有一种非黑即白的思维会导致该情境下的体验和感受?

_____
_____

● 灾难化的思维是如何影响互动的?

_____
_____

● 请描述先入为主的不合理想法在这种情境下发挥作用的任何一种方式:

_____
_____

进一步要做的

在接下来的一周里，运用你刚刚学习的内容，看看你是否可以在产生这样的不合理想法时自己觉察到。它可能涉及与社交媒体相关的焦虑，或你生活中引发压力的其他任何场景。也许你对学校考试或你必须公开发表的演讲感到焦虑。首先学习识别出不合理想法，然后调整看问题的视角，认识现实，这是一种非常有效的方法。下方空白处可以用于记录一周内的两种压力情境。

场景：_____
- 不合理想法：_____
- 现实：_____

场景：_____
- 不合理想法：_____
- 现实：_____

在接下来的活动中，你将了解更多关于其他不合理想法的信息，以完善你的社交媒体压力管理技能。

活动 **12** | CHAPTER 2 | 可"应用"的生存技能

设备处理的困扰

你需要了解　管理多种设备是大多数青少年和成人的压力源。父母可能会要求我们在紧急情况下保持电话畅通，而学校可能要求学生用计算机和应用程序来及时完成家庭作业。当电子设备已经成为生活中不可或缺的一部分时，学习如何限制它们的使用以及应对它们可能带来的困扰或许是一项挑战，但你可以学习方法，以帮助自己更好地管理设备。

在之前的活动中，我们介绍了不合理想法的概念，以及它们是如何导致我们生活中产生许多不必要的焦虑的。虽然跳进这些思维陷阱几乎是我们的第二天性，但学习成为我们自己思维的主人，可以帮助我们以更有效的方式处理这些苦恼。

下面列出了几种常见的不合理想法类型：

期望完美

这种不合理想法指的是对自己生活中的完美抱有不切实际的期望。

• **不合理想法**：在社交媒体的世界中，似乎每个人都过着完美的生活。每次你看自己的 Instagram 时，你都会放下手机，感觉有点沮丧，因为你会看到每个人都过着令人兴奋、充满活力、看上去光鲜亮丽的生活。

• **现实**：社交媒体展示了每个人生活的亮点。人们可以花几个小时以合适的角度创建"完美"照片，同时使用滤镜来提升图像。但事实是，这根本不是绝大多数人的现实生活。

自我挫败式的比较

这种不合理想法指的是不准确地将自己与那些看起来比我们更好的人进行比较，并在这一过程中贬低自己。

• **不合理想法**：你看着你的朋友艾莎，她很受欢迎，聪明，漂亮，有很多朋友，同时也参与体育活动。她似乎拥有一切，尤其是她发在帖子上的在异国情调的岛上度假的照片。

• **现实**：艾莎的生活可能不如你从社交媒体上看到的那么理想。她的父母可能有婚姻或经济困难，或者她可能在学校里被人欺负。

贴标签

这种不合理想法指的是贬低自己，而不是找到改进的方法从而获得更好的生活。

• **不合理想法**：父母总是因为玩手机的事情找你的麻烦，而你的朋友将你踢出了群聊。你认为，我一定是个彻底的失败者，并开始把自己关在卧室里。

• **现实**：管理父母的期望并与朋友保持良好的关系可能是具有挑战性的。很有可能你的手机不仅让你在与家人相处时分心，而且在现实生活中也无法让你与朋友在情感上产生交流。

放大化 / 缩小化

这种不合理想法指的是低估好的一面，过分强调坏的一面。

• **不合理想法**：你的手机刚刚自动更新，因此丢失了所有健身数据。你变得愤怒和充满压力（放大化）。

你只是在你的健身应用上设置了一个跑步记录，并淡化了这一观点——实现这一点是很了不起的一件事（缩小化）。

• **现实**：无论我们的数据体现了什么或没有体现什么，健身都对我们有好处。有时我们的设备可以使我们喜欢的东西，如跑步，因为技术的差错（如数据丢失）而变成压力性事件。

指导语

既然你已经了解了许多不同形式的不合理想法,那么看看你是否可以结合自己生活中的实例,为下面每种类型的不合理想法举出一个例子:

- 非黑即白思维(全或无思维)

_____
_____
_____
_____

- 灾难化

_____
_____
_____
_____

- 先入为主(猜测别人的想法或预测未来)

_____
_____
_____
_____

- 期望完美

- 自我挫败式的比较

- 贴标签

- 放大化 / 缩小化

进一步要做的

在上一个活动中，你练习了识别想法和提出替代解释的技能。在下一页，你可以将这些方法和思维日志结合在一起练习。思维日志由以下部分构成：压力情境、感觉和下意识产生的想法（通常是认知上的不合理想法），以及替代解释。

当你遇到与社交媒体、电子设备或其他焦虑相关的压力源时，你可以使用下一页的思维日志，让自己获得客观评估自己想法和应对的方法。

压力情境：_____

感觉	下意识产生的想法	认知上的不合理想法	替代解释

活动 | CHAPTER 2 | 可"应用"的生存技能

13 当遭遇网络欺凌

> **你需要了解**　据统计，超过一半的青少年报告他们曾一度受到网络欺凌。大约25%的青少年持续受到网络欺凌。鉴于技术的可访问性，以及通常的匿名性，网络欺凌十分常见，会带来不好的后果。

你或你认识的人很可能曾经受到过网络欺凌的伤害。事实上，你甚至有可能在无意中促成了对他人的网络欺凌。网络欺凌通常被定义为涉及口头（制造骚扰或威胁性评论）或关系性（例如，传播关于某人的谣言）攻击。

随着第二个 Instagram 账户（Sinstas）和 Snapchat（消息可以立即消失）的出现，网络欺凌可能会变得猖獗。青少年可以在不被父母发现的情况下，在次要社交媒体账户上发表贬低他人的评论，更糟糕的是，在

Snapchat 或 Stories 中，网络欺凌的证据会消失。此外，统计数据显示，只有 20% 的网络欺凌被报告给了父母。虽然青少年可能并不总是能意识到情况的严重性，但欺凌导致自杀和自我伤害的情况已经足够多，引发了人们的重视。少数民族和 LGBTQ（性少数群体）青少年等边缘群体成员尤其容易受到这些结果的影响。学会应对网络欺凌，这不仅对保护自己很重要，而且对帮助有需要的朋友也很重要。

指导语

下面是许多青少年在社交媒体上遇到的一些常见问题,这些问题可能导致网络欺凌。重要的是,要记住,没有人应该被欺负,任何缘由的行动都不能为欺凌行为辩护。

防止网络欺凌你的生活！

用这个检查清单来帮助并保护你和朋友免受网络欺凌的伤害。检查你已经做过的事情，并为你可在未来几天开始做的那些事情打"×"。

☐ 确保你认识每个在社交媒体上试图加你好友的人。尽管许多青少年都渴望拥有成千上万的粉丝，但不值得拿自己的安全冒险。

☐ 如果网络欺凌者试图联系你，在所有社交媒体上屏蔽他们。

☐ 如果你被列入负面帖子，请勿评论。你可能想反击，但这正是网络欺凌者所期望的。请勿与他们交战！

☐ 如果你是网络欺凌的受害者，通过截图保存证据，不要害怕向父母和学校报告。

☐ 避免过于积极地卷入社交媒体。即使是名人发布的中立帖子也会很快变得糟糕，评论者开始相互攻击。不要发表除了"喜欢"或"支持"以外的任何评论，这样生活会更简单轻松。

☐ 听从你的直觉！如果社交媒体上出现了什么不对劲的东西，或者你认为你的朋友可能开始在网络上欺负你或你认识的人，就说出来。如果你感觉不舒服的话，请告诉父母或直接与朋友（不通过社交媒体）面对面沟通，但不要让自己成为受害者！

进一步要做的

关于网络欺凌的一个主要问题是，许多青少年在为时已晚之前没有注意到它的微妙迹象。他们非常习惯于社交"drama"，以至于当行为转变为更具攻击性的形式（公开或被动攻击）时，他们会认为这些行为是正常的。不仅如此，他们还开始模仿这些行为，自己也成为网络欺凌者。使用下表以防止你和朋友传播这些有害的行为。

请勿成为网络欺凌者（或勿让朋友成为网络欺凌者）！

根据政府组织"停止欺凌"的说法，下面是网络欺凌者常用的一些策略。尽可能诚实地检查你可能已经参与的任何行为。

☐ 发布卑劣的、对某人有伤害性的照片或视频

☐ 以任何方式发布有关某人的尴尬、刻薄或有伤害的评论，或散布谣言

☐ 威胁要伤害某人或告诉他们应该自杀

☐ 在网上冒充他人发布关于他人的个人或虚假信息

☐ 创建一个关于其他人的卑劣或有伤害的网页

☐ 基于种族、宗教、民族或性取向发布有关某人的刻薄或仇恨评论

完成本活动的两张图表后，回答以下问题：

- 你曾经是网络欺凌的受害者吗？发生了什么？欺凌停止了吗？

- 你曾经是网络欺凌者吗？这是怎么发生的？你是否对该行为进行了补救或道歉？

- 完成上述活动后，你会如何改变自己在网络上的行为，以保护自己免受网络欺凌，并防止成为欺凌者？

活动 **14**　CHAPTER 2 ｜ 可"应用"的生存技能

刻意创造无聊

> **你需要了解**
>
> 有人说，如果需要是发明之母，那么无聊就是发明之父。研究表明，缺乏自由、非结构化的时间会导致年轻人创造力下降。当青少年自由地做白日梦、想象和创造时，他们不仅更满足，而且更有创造力。

近年来，由于儿童和青少年缺乏空闲时间和创造性游戏，专家对此表示担忧。从小就被安排参加运动、露营和其他活动，给他们带来了过度的压力和紧张。即使活动出发点是好的，如艺术课，也往往需要他们坐着不动，按照一步一步的指导，并遵循一定的课程架构进行学习。青少年怎么可能完全自由和不受约束？

我们与电子设备的紧密联系破坏了自身创造力的发挥和对世界的感知。一旦我们开始感到无聊和与他人失去联结，我们可能会迅速转向电子设备和屏幕，后者作为一种"保姆"，让我们保持充实和快乐。但是，当你把电子设备放下，让你的思绪自由漫游时，会发生什么呢？虽然最初可能很不舒服，但引导自己去体验原始的无聊状态（没有电子设备时的无聊状态），可能是非常有启发意义的。

指导语

在这段时间里,你通常可能会无聊地看手机,用电子设备看节目,或者发信息给朋友。看看你是否可以停下来,什么也不做。观察你出现的不适感或焦虑感。忍住不去看其他东西的冲动,想想此刻还有什么不依赖电子屏幕的其他活动吸引着你。

也许你想洗个澡放松一下。也许你想画画,或者弹吉他。与其花30分钟看节目或进行依赖电子屏幕的活动,不如把同样的时间花在能使你平静的个人兴趣上——比如,编织、拉小提琴或沉浸于瑜伽练习中。

选择一项活动,让自己完全沉浸其中,这就是心理学家米哈里·契克森米哈赖(Mihaly Csikszentmihalyi)博士所说的心流。当我们"进入状态"或沉浸在一项活动中而忘记了时间时,我们经常会体会到心流。让自己完全沉浸在活动中,不受科技产品的干扰,也不受电子设备的干扰。你甚至可以闭上眼睛,深呼吸几下,然后让自己完全沉浸在这个有意义的活动中。

当你投入活动时,仔细体会这种快乐和轻松的感觉。你甚至可以允许自己重复古代诗人鲁米的这句名言,作为你自己的座右铭:"让你自己默默地被你真正爱的东西所吸引。"当要继续进行另一项活动的时候,你要温柔、谨慎、有意识地进行过渡。避免突然跳起来、拿起你的设备或快速改变活动。给自己一点时间，让自己再次轻轻地呼吸，或者闭上眼睛，慢慢地回到现实中去。

写下你完成的活动，然后用几句话描述你完成之后的感受。还要注意记录完成活动前后的情绪变化。

进一步要做的

学会离开我们的电子设备需要时间和观察。也许你在看电视节目或在医生办公室等待期间感到无聊。你会开始注意到当你有空闲时间或变得不忙碌时的模式。使用下面的图表，列出一天中你可能有空闲的时间和场景，以及你通常如何度过这些时间。然后，提出一个新的活动来代替你以往的行为。下文提供了一些示例。

一天中的时间	旧活动	新活动
早上第一件事，还在床上	查看我的社交媒体动态	进行几次缓慢的深呼吸，并设定一天的目标
在学校午餐期间	在我的手机上玩游戏	和朋友聊天或提前开始做作业
放学后	看喜欢的电影和电视节目	听音乐或和妈妈聊天的同时练习编织

现在，从你自己的生活中举出一些例子：

一天中的时间	旧活动	新活动

活动 15 | CHAPTER 2 | 可"应用"的生存技能

在不借助电子设备的情况下分散自己的注意力

> **你需要了解**
>
> 有时，启动新行为或实现新目标的最佳方式是寻找新的活动。很多时候，我们会墨守成规，做我们以前喜欢的事情，但不再从中获取任何快乐。拓展并尝试新事物是创造持久变化的一个组成部分。

现在大多数青少年都说自己太忙了，没有时间培养兴趣爱好。在学校、朋友和其他活动的诸多需求之间，他们几乎没有自己的时间。他们剩下的宝贵时间通常是在睡觉或做课外作业中度过的，或者如果幸运的话，可能会和朋友一起看电影。当他们真的有空闲时间时，他们几乎本能地会用他们的电子设备来娱乐。手机和应用程序可能是青少年的"最终归宿"，因为它们具有吸引力。

分散注意力是一种治疗技术，指的是用一些活动来取代焦虑的想法，让我们的大脑从痛苦的场景中解脱出来。大多数青少年都很熟悉这种技术，他们通常称为"刷剧"。虽然沉浸在电视节目中肯定是一种放松的方式，但这并不是采用更积极的应对焦虑的最佳方式。

　　接下来的几页，你会看到一个改编自辩证行为治疗技巧工作手册的列表。它包括超过 70 种不同的应对方法，当你需要离开社交媒体和电子设备时，你可以尝试一下这些方法。它们可以帮助你拔掉插头、放松身心，重新振作起来，同时还可以让你重新开始你可能已经忘记的爱好。虽然你可能会尝试使用电子设备完成一些爱好（例如，在 YouTube 上寻找运动视频），但挑战一下自己，改变周围环境——在健身房找到真正的课程！

指导语

以下是青少年可以参考的活动和潜在想法列表。在你已经参与的活动旁边打"√",在你愿意尝试的活动旁边打"×",然后添加你可以想到的任何其他活动。

_____ 看报纸。

_____ 外出跑步或徒步。

_____ 写一张感恩清单。

_____ 去瑜伽馆,尝试一门新的课程。

_____ 创造一个神圣的空间并冥想。

_____ 去一个礼拜和祈祷的地方。

_____ 在大自然中进行一次缓慢、沉思的散步。

_____ 上太极或气功课。

_____ 带你的狗散步,或者借朋友的狗散步。

_____ 参观佛教徒中心或其他宗教场所。

_____ 去健身房锻炼。

_____ 举重。

_____ 去游泳。

_____ 参加普拉提或动感单车课程。

_____ 骑行。

_____ 去远足或计划远足。

_____ 去野营或计划野营旅行。

_____ 去滑雪，或者计划去当地的山上旅行。

_____ 在你的房间里跳舞或参加课程。

_____ 出去呼吸新鲜空气，即使你只是坐在门廊上。

_____ 去外面看看鸟、动物和大自然。

_____ 加入在当地操场上玩的游戏，或只是观看游戏。

_____ 演奏乐器或学习如何演奏乐器。

_____ 唱歌或学习唱歌。

_____ 写或创作一首新歌。

_____ 写首诗。

_____ 学习新语言。

_____ 听一些欢快的音乐。

_____ 当你需要时，制作一个令人振奋的歌曲的播放列表。

_____ 在当地合唱团唱歌。

_____ 参加当地戏剧团。

_____ 去看电影。

_____ 在情绪低落时，列出最喜欢观看的前五部电影。

_____ 加入一个俱乐部。

_____ 饮用一杯新鲜的茶或咖啡或冰沙，并在特殊地方饮用。

_____ 前往新开的咖啡店或最喜欢的咖啡店。

_____ 去书店或图书馆。

_____ 去商场或其他购物中心逛逛。

_____ 参观工艺美术商店，寻找制作新工艺品的所需用品。

_____ 编织或钩针，或学习编织或钩针。

_____ 做个剪贴簿。

_____ 拍照。

_____ 在你的素描本上画画、上色或涂鸦。

_____ 给曼陀罗或其他冥想图像着色。

_____ 参观艺术博物馆。

_____ 创建一个新的食谱并尝试。

_____ 报名参加烹饪课程。

_____ 出去吃点东西。

_____ 烹饪你最喜欢的菜或饭。

_____ 为有需要的朋友烤饼干。

_____ 报名参加慈善组织的志愿者。

_____ 种植花园或参观花园。

_____ 清理你的衣柜并捐献你不再穿的衣服。

_____ 整理你的卧室。

_____ 点燃蜡烛。

_____ 洗个放松的澡。

_____ 洗个热水澡。

_____ 给自己做个面部护理。

_____ 擦亮指甲。

_____ 去做足疗或安排足疗。

_____ 去蒸汽房蒸桑拿。

_____ 安排理发或尝试新的发型。

_____ 做个按摩或按摩自己的脚。

_____ 用许多碎片做一个拼图。

_____ 阅读一本书。

_____ 重读你最喜欢的书籍或系列。

_____ 阅读杂志。

_____ 感觉良好时给自己写一封情书,心烦意乱时给自己读。

_____ 睡觉或者打个盹。

_____ 制作视觉板。

_____ 吃黑巧克力。(这对你有好处!)

_____ 列出你欣赏自己或擅长的 10 项内容(并在你感到沮丧时查看该清单)。

其他:_____

其他:_____

其他:_____

其他:_____

其他:_____

其他:_____

其他:_____

其他:_____

其他:_____

有了这一长串可以尝试的想法,你很可能会有一些关于活动的新想法。从这些想法中挑两三个,并尝试在下周落实它们,再挑两三个在另一周尝试。在下面列出这些活动,并在每项活动完成后,通过在 1～10 的量表上圈出相应的数字,对你享受活动的程度进行评分。考虑把你最享受的活动定期融入你的生活中。

第 1 周:

尝试的活动	享受活动的程度									
1:	1	2	3	4	5	6	7	8	9	10
2:	1	2	3	4	5	6	7	8	9	10
3:	1	2	3	4	5	6	7	8	9	10

第 2 周:

尝试的活动	享受活动的程度									
1:	1	2	3	4	5	6	7	8	9	10
2:	1	2	3	4	5	6	7	8	9	10
3:	1	2	3	4	5	6	7	8	9	10

进一步要做的

当青少年无聊或无所事事时，他们通常会通过玩手机来消磨时间。通过创建应对方法，当你感觉无聊、焦虑或不安时，你可以轻松地使用它们。你可以将这个清单保存在小背包、钱包甚至拉链式塑料袋中。

如果你提出的任何兴趣爱好或活动特别有效，并且所需的物品是便携式的（如素描、写日记、看书或拼图），你可以考虑将这些物品放入你的工具包中。你也可以考虑在包里装入能让你得到即时放松舒缓的东西。例如，带彩色铅笔的冥想涂色书、励志名言书、可以握着的光滑石头、令人放松的茶或一瓶水。

当你无聊或烦躁不安时，你确信你有一套有形的物品来帮助自己应对当下的情况。

活动

CHAPTER 2 | 可"应用"的生存技能

16 阅读书籍，而非屏幕

你需要了解　许多青少年报告说，在童年时期，他们喜欢沉浸在书中，但在高中，他们对阅读的兴趣减弱了，因为阅读成了强制性的，让人感觉压抑。阅读可以是压力下分散注意力的最佳方法之一，也可以简单地帮助你放松，让你的大脑休息一下。

许多青少年报告，他们的大部分阅读都是在屏幕上进行的。一些学校现在为学生提供 iPad 和其他装有教科书的设备。此外，许多父母也在 Kindle 和其他电子屏幕上阅读。虽然无纸化是绿色环保的，但翻阅真实的书页也有一些吸引人的地方，我们可以将小说扔进沙滩手提包中，在沙滩上享受翻阅纸质书的时光，在那里，它可能面临的最大损害无非就是由于水飞溅而产生的一些褶皱。许多青少年承认，他们并没有像学校要求和希望的那样，为获得快乐而阅读。或者说，他们只有在阅读简短的 BuzzFeed 文章或点击其他短链接的时候，才是为了快乐而阅读的。

指导语

回想一下你以前喜欢阅读的书籍或文章的类型。也许是悬疑小说或其他类型的系列小说。也许你喜欢那些关于巫师和巫婆的奇幻书，或者那些吸血鬼题材的青少年丛书。有些青少年喜欢重读整个系列，另一些青少年则喜欢开始新的冒险。写下你可能会有兴趣的三个不同的书名或类型，并在接下来的几周内进行阅读。

1. _____
2. _____
3. _____

由于日程安排繁忙，我们可能只能在业余时间读一两本小说。但也许我们可以有规律地腾出时间看自己喜欢的杂志。也许是《国家地理》或名人轶事杂志引起了你的兴趣，食物烹饪和家居装饰杂志也算！写下三本吸引你的杂志的名字。如果你自己找不到它们，下次你的父母在杂货店或书店时，你可以让他们帮你买。

1. _____
2. _____
3. _____

现在从你的书单中挑选一本书和一本杂志，在接下来的一周里，花一些时间来阅读这些书或杂志。也许你会在早上吃麦片粥的时候读一本杂志，睡前读几章悬疑惊悚小说。你不必担心花费大量时间。留出10～15分钟的阅读时间是一个很好的开始！阅读一周后，回答以下问题：

- 优先阅读纸质书籍和杂志而不是在屏幕或电子设备上休闲阅读是什么感觉？

- 阅读纸质的印刷材料而不是屏幕有什么优点？

- 纸质印刷材料的缺点有哪些？

- 你花时间根据兴趣而阅读，描述一下你注意到你的情绪有什么不同。例如，当你沉浸在故事和文章中时，你会感到压力减轻，还是更兴奋？

进一步要做的

将屏幕外的休闲阅读纳入你的每周例行安排中,这可能是一种很好的放松方式,可以让你一整天盯着屏幕的眼睛得到休息。你甚至可以选择将阅读融入你的睡前习惯(这将在活动 17 中讨论)。

● 列出三部在未来几周甚至几个月里,你有兴趣阅读的休闲小说:

_____

_____

● 长期来看,你会考虑做些什么改变,以便把更多的时间用于快乐阅读?

_____

_____

● 哪些日子或时间适合优先考虑快乐阅读(例如,周末、假期、下雪天)?

_____

_____

● 朋友和家人如何帮助和支持你更多地阅读纸质书和屏幕外的东西?

_____

_____

活动 **17** | CHAPTER 2 | 可"应用"的生存技能

睡眠和蓝光

> **你需要了解**
>
> 研究表明，手机和电脑等设备发出的蓝光可以激活大脑，使人更难入睡。蓝光阻挡技术，如太阳镜和屏幕功能有助于减轻这种影响。除此之外，设置夜间使用手机的界限也是养成良好睡眠习惯的一个组成部分。

晚上是要求青少年放下手机和其他电子设备的最具挑战性的时刻之一。因为这个时候是大多数青少年给朋友发信息、打视频电话、浏览他们的社交媒体的时候。此外，加州大学洛杉矶分校睡眠中心的研究表明，在青春期，青少年会经历"睡眠阶段延迟"，这意味着他们的身体比进入青春期前晚大约两个小时犯困。因此，他们不是在晚上八点或九点左右感到困倦，而是一直清醒到十点或十一点。这一变化解释了为什么如此多的青少年报告在这个时间之前难以入睡。随着青少年睡眠－觉醒周期的新变化和手机在生活中的出现，他们睡觉的时间会越来越晚，直到午夜过后！

研究表明，考虑到身体在夜晚早期经历的重要过程，十点关灯是最理想的，这些过程包括褪黑素产生、人体生长激素的刺激和记忆的巩固。简单地说，早些时间的睡眠质量更有可能影响你的休息程度并确保正确的激素帮助修复你的身体，增强你的免疫功能。睡眠不足、营养不良、缺乏锻炼和压力管理不足，这些因素结合在一起，会使身体更容易感染疾病。这就是为什么许多青少年更容易感染流感和其他病毒的原因，尤其是在考试等压力大的事件之后。

不幸的是，屏幕发出刺激大脑的蓝光只会使问题进一步复杂化。大多数青少年需要电脑来完成作业，经常熬夜写论文和做研究。他们面对朋友也是随叫随到，这意味着当凌晨两点收到一条信息时，他们也会醒来（甚至是已经熟睡的情况下）并回复。所有这些因素进一步损害了青少年获得稳定睡眠的能力。幸运的是，学会养成健康的"睡眠卫生"可以帮助青少年建立良好的睡眠习惯。与保持良好的口腔卫生（包括如刷牙、使用牙线和用漱口水漱口等一系列步骤）相似，保证睡眠卫生也需要一系列过程。我们的目标是从你通常的睡眠时间往回推，以确保所有的步骤都能按时完成。

指导语

以下是一些与良好睡眠卫生相关的内容。梳理一下你已经做过的,并在你还没做的活动前打一个"×"。看看你是否可以在接下来的一周内挑战自己,保持健康的习惯。每晚可增加一两个新的想法。

☐ 睡前4～6小时内不要吃含咖啡因的食物和饮料(巧克力也算!),如果你对过量的糖敏感,也不要在睡觉前几小时摄入糖。

☐ 把你的床留给与睡眠有关的活动——不要做作业、查看电子邮件或其他类似的活动。

☐ 如果睡前阅读对你来说很放松,可以考虑花10～15分钟进行睡前阅读。选择那些能让你平静下来、不会激活你大脑的材料。如果可能的话,请不要在床上看书;你应该不想花太多时间在床上做与睡眠无关的活动。

☐ 睡前两小时关掉所有的电子设备或任何带屏幕的东西。

☐ 激活防止手机在夜间发出蓝光的相应功能。在一些手机上,这被称为"夜班"功能,它允许你设置手机进入此模式的时间。这也可以提醒你什么时候需要将电子设备收起来。

☐ 为睡眠寻找一个舒适的温度,这样你就不会因为太热或太冷而无法入睡。对大多数人而言，理想温度在 65～72 华氏度（18～22 摄氏度）之间。

☐ 在睡眠前的 1～2 个小时，慢慢地调暗周围的灯光，让身体为睡眠做好准备。这有助于向身体发出信号，让它开始在夜晚逐渐放松下来。

☐ 睡前一小时洗个热水澡或淋浴，放松肌肉。

☐ 睡前可以尝试冥想、简短的祈祷或轻微的伸展运动。虽然理想情况下，你不会把手机放在卧室里睡觉，但有一些极好的应用程序可以使用，如瑜伽 nidra（一种与睡眠相关的冥想），它可以让你在入睡前放松。

☐ 不要在上床睡觉时饿着肚子或吃得太饱，这两种情况都会对睡眠产生负面影响。研究表明，牛奶或酸奶中的钙和镁可以帮助睡眠，如果你不食用乳制品，饿了的时候考虑吃点零食，而不是在睡前吃一顿大餐。

☐ 试着在睡觉前喝花草茶。许多商店出售洋甘菊或薰衣草茶，它可以帮助你放松。如果你发现了一种睡眠调制茶，一定要咨询医生，确保它可以安全饮用。有时这些混合物中含有你可能会过敏的天然草药。

☐ 避免依赖非处方药或褪黑激素入睡。事实上，你不需要处方，但这并不意味着这些助眠剂完全安全。习惯和成瘾可能会形成，所以把这些药物保存起来以备不时之需是一个更安全的选择。

☐ 尽量保持规律的作息，这样你的身体就会慢慢地适应睡觉的时间。

进一步要做的

下面是培养一个良好睡眠卫生习惯的计划范例。

4:00 p.m.	放学回家,放松,吃零食。
5:00 p.m.	开始写作业。
6:00 p.m.	与家人共进晚餐。
7:00 p.m.	完成最后一项作业。
8:00 p.m.	淋浴并开始把灯光调暗。
9:00 p.m.	在床上一边看书或看杂志,一边喝花草茶。
10:00 p.m.	关灯!

使用此空白图表创建你的自定义日程。

4:00 p.m.	
5:00 p.m.	
6:00 p.m.	
7:00 p.m.	
8:00 p.m.	
9:00 p.m.	
10:00 p.m.	

活动 **18** | CHAPTER 2 | 摆脱对电子设备的依赖

写日记而不是发推特

你需要了解

研究表明，治疗师最常推荐的干预措施是写日记。花时间写下我们的想法，是意识到真正让我们担心的事情和处理我们的担忧的一种极为有益的方式，也是一种寻找答案和希望的方式。许多青少年发现，无论他们是否选择每天写日记，日记都可以成为他们在感到沮丧或不知所措时用以求助的可靠伴侣。

你一天中有多少次突然有了一个发社交媒体帖子的想法？也许你拍了一张有趣的照片，或者想到了一句诙谐的台词。或者你今天过得不好，想把它发在推特上，希望得到一些积极的反馈或安慰。当我们花费大量时间上网时，我们很自然地就会变成用网络世界的虚拟方式思考的人。你去一个咖啡店，咖啡的拉花非常漂亮，你必须拍一张照片并与朋友分享。你为自己来到健身房而自豪,所以你发了一张站在哑铃旁的自拍照。它已成为你与世界交流的常用方式。

十年前,青少年会拿起电话,回顾他们当天和朋友们做了什么;如今,他们可以展示照片,并每隔几分钟更新一次,就像随时随地带着你的朋友一样。特别是对那些可能不会开车或没有固定交通工具的青少年来说,这似乎是一种与朋友保持联系、时刻接收到最新消息的绝佳方式。然而,这样做的主要缺点是,青少年并不太会自我疏导。

写日记是最常被推荐的干预措施之一,因为它不仅有助于促进自我安慰,还能帮助我们发现看待事物的新方法。比起向社交媒体寻求支持,能够为自己提供支持是一项非常宝贵的技能。选择一个独特的日记本记录你的想法,可以帮助你促进这一过程。也许父母或朋友给了你一个日记本作为礼物,或者是礼品店的一个日记本吸引了你的注意。尽管网上肯定有可以写日记的应用程序,但大多数治疗师还是推荐纸质日记本,因为来访者经常报告用笔在纸上写字的行为很有帮助。此外,由于目标是全面减少对网络技术的依赖,所以纸质日记本是理想的选择。

指导语

试着在这个工作手册上写日记吧！如果你需要更多空间，可以随意使用你可能已经拥有的专用笔记本。留出几分钟（也许在每晚睡前），记下一些思考、恐惧、希望或梦。因为对一些青少年来说，写日记这件事情太开放了，因此可以考虑以下关于写日记的想法或提示。选择你觉得合适的，然后在接下来的三到四天里每天写日记。

- 建立一个艺术日志/速写本来描绘你的感受、想法或思考。

- 建立一个"感恩日记"，每天列出三件让你感恩的事情。

- 把你的日记作为一个空间，以大脑转储的形式写下你所拥有的每一个担忧和恐惧。

- 让你的日记成为写下你遇到的鼓舞人心的名言或对自己的积极肯定的一个地方。每天，想出一句名言或一句肯定的话。

- 写下你当天所做的一切。它不需要很长，只要一个项目列表，包括你什么时候醒来，你吃了什么，你做了什么，你和谁谈了什么，等等。你可以从1～10之间选择一个数字来评价你对这一天的感觉(1代表糟糕，10代表非常好)。

- 在本工作手册中选择一个你一直在努力的目标，并写下你的进展情况。说明你想如何改变现状来使自己成功。

• 写下你远离社交媒体的过程。包括你可能存在的任何恐惧或你可能感觉到的挫折。

• 如果你目前正在接受治疗或与治疗师会面，写下你可能想在下次治疗时提出的问题。这样做可以帮助你回忆起你想要谈论的内容。

进一步要做的

在你的日记实验结束时，回答以下问题：

- 哪些提示最吸引你？

- 写下你的日记中反复出现的任何主题（例如，你生活中的一个麻烦或一种焦虑的感觉）。

- 写下写日记的过程对你的日常生活产生的任何积极影响。

● 你能保证定期写日记吗？每周甚至每天写日记对你来说可行吗？

● 写下你想多久看一次自己的日记，以及你可能会写什么类型的日记（例如，速写日记或感恩日记）。在这一点上，你甚至可以考虑购买一个特殊的日记本或笔记本作为日常使用。

活动 19 | CHAPTER 2 | 可"应用"的生存技能

不戴耳机锻炼

> **你需要了解**
>
> 研究表明，运动在缓解抑郁症状方面与药物具有同等效果，而且从长远来看，前者更有效。我们都知道运动对我们有好处，但很少有人意识到它对改善我们的心理健康有多大的影响。运动不仅对身体有帮助，而且有助于我们改善睡眠，减少压力的影响。

"多运动！""出去走走，你会感觉好点。""去遛狗吧。做点什么事情！"这些话，你之前可能已经听过很多次了——事实上，次数多得你都数不清！许多青少年在这些基本的自我照顾方面挣扎。虽然有时你可能会觉得自己没有精力去运动，但现实是，体育运动可显著提升你的精力。作为额外的益处，运动还有助于改善我们的睡眠和管理我们的焦虑，因为它是一种在日常生活的持续刺激下的很好的休息方式。健身房通常很吵，扬声器里放着刺耳的音乐，而在大自然中安静地散步或慢跑可以让人恢复元气。但另一方面，如果放着嘈杂的音乐的尊巴舞课或动感单车课更符合你的口味，这些也很棒。只要确保锻炼不是作为一种惩罚，而是一种参与、排毒和减压的方式就好。

  健康且可持续的运动模式的关键是找到最适合你的运动。几个世纪以来，被称为阿育吠陀（Ayurveda）的印度自然疗法一直帮助人们找到适合自己体型的锻炼方式，现代专家也开始采用这种方法。这一理念背后的逻辑是，并不是每种体型都能成为举重运动员，同样，也不是每种体型都能成为芭蕾舞演员。这并不是说人们不能做不适合自己体型的运动。相反，其中的指南有助于揭示实际上"算作"运动的各种运动。

指导语

下面是基于阿育吠陀医学原理的三种运动类型。改编自脊椎按摩师和自然疗法医学专家约翰·杜伊拉德（John Douillard）博士的工作成果，这些类型对应于三种体型。使用以下图表，圈出所有吸引你的活动。注意你所喜欢的活动或被吸引的活动是否符合其中的一类。

类型 1 缓慢而平静的活动，有助于恢复活力（对焦虑类型有帮助）。	类型 2 面向那些具有高度竞争力的人的活动，需要发挥耐力、速度和力量。	类型 3 适合在压力下冷静且表现良好的人的活动，需要耐力和身心协调。
低强度有氧运动	篮球（或其他团队运动）	有氧运动
舞蹈	滑冰	健身
保龄球	曲棍球	足球
羽毛球	皮划艇运动	体操
芭蕾	滑雪（下坡）	铅球
棒球	冲浪	击剑
游泳	触身式橄榄球	标枪
瑜伽	帆板运动	直排滑冰
徒步	滑水	赛艇
高尔夫	山地自行车	攀岩
双打网球	潜水	网球
行走	非竞争性球拍运动	排球

续表

类型 1 缓慢而平静的活动，有助于恢复活力（对焦虑类型有帮助）。	类型 2 面向那些具有高度竞争力的人的活动，需要发挥耐力、速度和力量。	类型 3 适合在压力下冷静且表现良好的人的活动，需要耐力和身心协调。
骑马	越野滑雪（休闲）	长曲棍球
武术		手球
举重训练		越野跑步
帆船运动		爬楼梯
乒乓球		跑酷

接下来，列出你已经参加的任何类型的活动：

_____

_____

_____

在接下来的一周内，看看你是否可以将其中一个或多个额外的锻炼整合到你的日常生活中两次或三次。借用活动 6 中 SMART 目标的理念，列出你每周将参与这些活动的次数、持续时间和其他任何相关详细信息：

_____

_____

_____

_____

进一步要做的

在将这些体育活动纳入你的日程安排一周后,回答以下问题:

● 运动如何影响你的总体情绪?

_____
_____
_____

● 运动后你经历了哪种类型的情绪?它们通常是积极的还是消极的?

_____
_____
_____

● 你最后尝试了哪些活动,你锻炼了多少次?

_____
_____

● 将来你怎样才能腾出更多的时间来锻炼?

_____
_____
_____

● 你是否发现自己对某个特定类型的活动更感兴趣？如果有，是哪一个，你认为为什么你对这个类型更有兴趣？

___

___

___

● 在缩短屏幕时间的背景下，多锻炼如何帮助你远离电子设备？

___

___

___

● 许多青少年报告，他们在运动时戴上耳机听音乐，或者带着手机去健身房。你认为怎样才能在运动时远离电子设备？

___

___

___

活动 20 | CHAPTER 2 | 可"应用"的生存技能

网络时间管理

> **你需要了解**
>
> 强大的时间管理技能是我们最重要的能力之一，它将影响你的一生。现在学习这些关键技能不仅可以帮助你按时完成作业和其他重要任务，还可以帮助你成年后平衡工作和家庭关系。

对许多青少年来说，手机就是他们的生命线。和他人的约定、重要的电话号码和备忘录，这有助于保证他们的生活在正确的轨道上运行，并确保他们知道自己要去哪里，以及何时需要在那里。许多来访者每周都会收到预约短信提醒，因此手机对于保持事情的顺利进行至关重要。然而，尽管手机在这方面可能是有帮助的，但它们也很容易占用我们的时间。本来应该快速浏览完Instagram却变成了占用我们几个小时的一件事。发信息与朋友聊天，不知不觉时间就到了睡前，却没有完成学校的任何一项功课。时间都去哪了？作者兼商人史蒂芬·柯维（Stephen

Covey）描述了一种简单的时间管理方法,他称之为"时间管理矩阵"。下面的矩阵显示了四个象限,表示一件事情的重要性与紧迫性的不同维度的组合以及相应的例子。

	紧急	非紧急
重要	准备明天要进行的数学考试	三个月后的 SAT 考试
不重要	电子邮件、电话、一些小的家庭作业	看电视、上网

指导语

花点时间想想你的待办清单上的所有事情。考虑使用纸质计划表，而不是将所有事情都记录在手机上，并根据这些原则来安排你的一周。也许离 SAT 考试还有几个月的时间，但你仍然需要做好准备，同时还要参加更紧急的考试和应对更紧急的事情。根据典型的上学日要做的事，填写以下表格：

	紧急	非紧急
重要		
不重要		

此外，请注意，在一个典型的上学日中，你有多少时间会浪费在社交媒体或电话上。考虑为这些活动分配一段非常短且分散的时间（30 分钟到 1 小时）。每小时的计划表或其他形式的日程计划表可以帮助你安排放学后的时间，以确保你能完成作业、有时间玩耍和保证充足的睡眠，然后为社交媒体可能带来的干扰留出时间。

进一步要做的

使用下面的表格写下一周内的行动计划；你的计划可能包括你想在一周内完成的各种任务，从洗衣服到准备重要考试，等等。同样，请务必注意，你有多少时间被不紧急不重要的网络干扰所浪费，从而让你没有做好最重要的事情。事实上，你的手机或其他电子设备的电量可能是你优先需要改变的一件事情！

	紧急且重要	不紧急但重要	紧急但不重要	不紧急不重要
星期一				
星期二				
星期三				
星期四				
星期五				
星期六				
星期日				

使用该表格一周后，写下你使用这种新时间管理工具的感受：

_____

_____

_____

| 活动 | CHAPTER 2 | 可"应用"的生存技能 |

21 社交媒体过载的自我关照

你需要了解

自我关照可能是心理治疗师常用的术语之一,因为它体现了我们可以学习的重要原则之一。自我关照包括对自己温柔,滋养我们的灵魂,在能量耗竭时给自己注入新的能量。通过学习自我关照,你可以确保自己有精力和热情去充实地度过每一天。

对那些因社交媒体的持续干扰而感到压力的青少年来说,自我关照可能是重新振作和恢复活力的关键方式。自我关照的一大美妙之处在于,它可以针对不同的人涵盖不同的东西。自我关照可以是一边喝茶、一边听轻音乐,也可以是点燃蜡烛洗个泡泡浴。实现自我关照的方法没有对错之分,只要能促进健康、安全和幸福都可以。你可以把自我关照想象成那些你通常为心爱的宠物或小婴儿保留的、额外的特殊触摸或手势。现在想象一下,把同样的关注放在自己身上,这是自我关照的开始。

自我关照作家兼专家阿什利·戴维斯·布什（Ashley Davis Bush）用几种简单的方式对自我关照活动进行了分类。她提出了微观自我关照活动的概念，即作为我们每天可以做的事情，这些事情可以非常有效地让我们保持踏实感和满足感。微观自我关照活动可以分为以下类型：着陆练习[①]、激励练习和放松练习。

着陆练习

着陆练习是那些帮助我们重新连接到最深处的自我练习。它们可以包括以下内容：

- 饮用一杯加了热香料（比如姜、肉桂、姜黄）的茶
- 在公园散步或到户外走走，亲近大自然
- 打理花园或室内的植物
- 练习太极、气功、瑜伽等东方功夫
- 轻柔的伸展，可在家中垫子上或床上进行
- 利用你的五种感官和当下产生联结

---

① 一种帮助个体与当下建立联结的技术，充分调动感官，去看、听、闻、触摸，关注当下的感受，不被过去的或者将来的困扰所缠绕，慢慢平静下来。

激励练习

当我们感到被世界的要求压得喘不过气来的时候，激励练习有助于我们振作起来。这些做法可以使人精神振奋，但也可以使人舒缓。例如：

- 动态瑜伽，如串联体式的瑜伽或哈他瑜伽
- 在空气清新的公园里轻快地散步，或者在河边或草地上远足
- 利用自我按摩技巧，包括轻拍
- 唱歌
- 跳舞
- 清扫和整理空间
- 大笑！为压力大的时候准备一些故事、表情包或笑话

放松练习

在我们的文化中，放松自我的做法可能是我们最熟悉的。你可能见过压力过大的人泡在浴缸或水疗中心的照片。虽然这些图像可能很容易在你的脑海中出现，但放松的自我关照活动领域超出了这些。

- 睡觉、休息或打个盹儿，即使只睡 10～15 分钟
- 冥想、深呼吸或静坐
- 用水来放松（例如，洗澡、躺在泳池边）
- 使用专为青少年或成人设计的曼德拉着色书
- 给自己做个水疗

指导语

填写这个表格，提出你自己个性化的微观自我关照策略。

微观自我关照

为了每天关照好自己，我每周将会做以下事情：

着陆练习	激励练习	放松练习

为了更好地设定界限，以便我能够进行自我关照，我也会在适当的时候优先说"不"（例如，过多的社交活动消耗我的精力，而不是使我更加精力充沛，或者在我的日程已经排满的情况下，参加更多的课外活动）。

我会在以下领域设定界限：

_____

_____

因为自我关照还可以通过有营养的食物、运动和睡眠来实现，所以我也会关注以下目标：

营养：_____

运动：_____

睡眠：_____

进一步要做的

除了描述日常微观自我关照策略外,阿什利还强调了宏观自我关照的重要性。她将宏观自我关照描述为我们在实践自我关照时可能做的更大的事情。这可能包括每年到当地海滩或湖泊旅行一次,做一次专业的足疗,或每隔几个月理一次发。

这些事情可以让我们精神焕发,但我们不可能每天这样做。尽管你可以在一年中的任何时间做这些事,但通常情况下,在假期和学校休息时间做这些事情对于青少年而言更容易,因为他们有更多的空闲时间关注这种类型的自我关照。下面,请填写一份宏观自我关照计划。

宏观自我关照

为了更好地照顾自己,我计划在接下来的一年里每季度做以下形式的自我关照:

秋季(感恩节假期):

_____

冬季(寒假):

_____

春季(春假):

_____

夏季(暑假):

_____

活动

CHAPTER 2 | 可"应用"的生存技能

22 滋养你的身体

你需要了解

我们都听说过"情绪化进食"这个词,我们的感觉和我们如何对待自己的身体是密不可分的。有些人会因为压力而暴饮暴食,但另一些人则完全忽略了饥饿的信号。学会了解身体的需求,不仅对身体健康有益,而且也可以帮助我们舒缓情绪。

青少年的父母经常报告,孩子从学校回家后并不总是愉快的。由于一天的劳累、饥饿以及接受了太多外界刺激,许多青少年只想躺在沙发上,吃垃圾食品,然后昏昏沉沉几个小时。他们不希望任何人与自己交谈(除非和朋友在网络上聊天)。他们的易怒经常源于他们的基本需求没有得到满足,通常是睡眠不足和营养不足两者的结合。有些青少年回家时,一半的午餐都没有吃完,因为他们觉得在学校压力太大,吃不下饭。本质上,他们是在睡眠不足和没吃好饭的情况下学习的。但令人惊讶的是,他们回家后并没有完全崩溃!

充分的营养是青少年保持健康和应对他们在学校或社交媒体上可能面临的压力的重要组成部分。尽管一些青少年可能会对自己的身材过于关注，使用 MyFitnessPal 等应用程序计算卡路里，但了解一些营养均衡的知识是非常必要的。大多数高中的健康课程都涵盖了蛋白质的重要性、避免加工食品以及摄入健康剂量的水果和蔬菜等知识。人们知道这些不可缺少的食物的重要性已经有一段时间了。对青少年而言，无论是素食主义者、纯素食主义者还是鱼素主义者，不剥夺他们自己的权利是极其重要的，因为无论是哪种选择都已经包括了大量营养丰富的食物了。

许多青少年发现，与营养学家一起工作特别有助于了解关于膳食的知识，以及根据他们的活动水平确定卡路里摄入量。与医生或护士交谈也是确保你不会因饮食而给身体带来负面影响的好方法。在网络资源丰富的今天，许多青少年从博客或 youtube 上学习食谱和技巧。在这个繁忙的时代，"备餐"日的想法也越来越受欢迎，许多博主在社交媒体上发帖吹捧其优势。尽管本工作手册重点是减少电子设备的使用时间，但在这种情况下，适度的使用可以帮助你养成健康的新习惯。

指导语

在接下来的一周里，花点时间注意你每天都吃了什么。我们的目标不是计算卡路里！相反，你要确保自己吃得足够多，而且食物的质量也很高。如果你容易盲目进食，那么注意份额也会有所帮助。尽可能诚实。虽然我们可能倾向于强调饮食的最佳品质，但我们必须完全实事求是，才能改善或维持健康饮食。

使用下一页的图表对你的饮食进行追踪。饮食计划包括零食，但并不是建议你每天必须吃 3 次零食。它们只是用来提醒你可以选择吃一小口来增加能量储备。同时，请注意在大多数食物的包装袋或外包装上可以很容易地找到常量营养素的百分比或克数，或者也可以在线查阅。

	星期一	星期二	星期三	星期四	星期五	星期六	星期日
早餐							
午间点心							
午餐							
下午点心							
晚餐							
晚餐后点心							
碳水化合物份额							
蛋白质份额							
脂肪份额							

你可以选择用颜色来标记这张图表，以帮助你追踪常量营养素：碳水化合物、蛋白质和脂肪。尽管这些食物的建议摄取量可能因人而异，但你要注意相应类别中的每一类食物的摄取量。碳水化合物通常是最快和最容易获得的卡路里来源，因为大多数面包、糕点和零食都属于这一类。花生酱、健康的低钠熟肉和奶酪等蛋白质可能需要按计划按量摄取，同时也要避免含有大量化学物质的蛋白质粉。此外，脂肪可以成为你的朋友，特别是牛油果吐司和椰子油浸泡的食物！

- 在记录了过去一周的食物和营养之后，反思一下你的饮食中最让你吃惊的是什么：

- 你是否发现自己吃得不够，或者吃的垃圾食品比你想象的要多？

- 青少年经常列出一系列健康饮食的目标，从喝水代替苏打水，到减少咖啡因和摄入更多维生素。在接下来的几周或几个月内，你想尝试改变自己的饮食吗？

进一步要做的

治疗师用 HALT 这个缩写词来促进更有意识的饮食，因为对许多人来说，无意识的饮食可能是由于无聊、疲劳或沮丧造成的。在考虑你吃东西的动机时，试着问自己这些问题：

H：我是否饥饿？
A：我生气了吗？
L：我是否孤独？
T：我是否疲倦？

- 如果你发现自己容易无意识地吃东西，有什么情况会引发这种现象？

- HALT 中的哪个元素最能说明你的经历？

- 如何使用这个缩写词帮助你成为一个更谨慎的进食者？

| 活动 | CHAPTER 2 | 可"应用"的生存技能 |

23 | 滋养你的灵魂

> **你需要了解**
>
> 研究表明，一些最幸福的人将他们的性格归因于令人满意的精神生活。这并不一定意味着他们每周都参加一次礼拜。相反，他们通过自己独特的精神实践，在生活中建立一种精神上的联系或更大目的和意义上的感觉。

如果你曾经坐在户外，惊奇地仰望云层，闭上眼睛，沐浴在阳光下，或者站在海边，凝视着地平线，那么你很可能拥有过精神上的体验。当我们感觉到世界比我们的麻烦事大得多时，我们就会有这种体验。我们意识到充分利用每一天的重要性，而不是把时间浪费在焦虑或沮丧上。

我们可以以任何方式获得这些精神体验。它们在自然界中经常发生。有时候它们也发生在做礼拜的地方。有时，它只是一段音乐，一首圣歌，或一支点燃的蜡烛，就会使我们如此感动。我们中的一些人有自己私人的精神实践，而另一些人则勤奋地参加每周的礼拜。无论我们相信更大的力量，还是只是大自然，感受到与更大整体的联系都可以为我们提供支持。我们认识到，世界的重担并不只落在我们的肩上，我们都共同生活在这个地球上，肩并肩地努力使它成为一个更美好的地方。

当我们沉浸在虚拟世界中迷失自我时，我们就失去了与现实、与当下的联系。我们在思考未来或过去，我们的大脑编织着复杂的故事。这就是祈祷或冥想可以发挥作用的地方。我们真正害怕的东西往往是那些我们无法控制的事情。我们可能无法改变医学诊断或解决父母的婚姻问题，但我们可以祈祷或向我们的身体或有需要的人提供积极的有助于疗愈的想法。逃避这些东西，将自己埋在电子设备中，只会暂时消除不适或痛苦。正视它们，知道有更大的力量在帮助我们，这可以让我们感到深深的安慰和治愈。

指导语

- 花一些时间,反思一下精神实践对你来说意味着什么:

- 描述一下你现在是否有,或者曾经有过精神实践。这是由什么组成的?

- 如果没有,你对将精神方面融入你生活的前景有什么看法?

- 许多人把宗教和灵性混为一谈。你发现它们在你的生活中是一样的,还是有一些不同?

现在，在下面的空白处，绘制一张从你出生到今天的个人精神旅程地图。也许你是在一个接受洗礼或坚信礼的地方出生的，在那里你被洗礼或证实；或者如果你不是一个正式的宗教团体的成员，也许当你第一次拿起小提琴、第一次去露营或第一次写一首诗时，你感受到了深刻的精神联系。在你感到精神联系特别强的时候，你可以自由地感受到高潮和低谷，但其他时候，你感到失落和没有着落。尽可能地有创意地展示丰富的细节。

进一步要做的

在接下来的两周内，想出三种你想尝试重新连接精神世界并将灵性注入你的生活中的方法。它可能涉及冥想、瑜伽、参观礼拜场所或阅读祈祷书、冥想书籍等。

1. _____
2. _____
3. _____

在你的计划中写下参加这些活动的日期和具体时间，并尝试一下！然后，考虑使用活动 18 中讨论的日记记录感受。

CHAPTER 3

实现无电子产品的生活

活动 24 | CHAPTER 3 | 实现无电子产品的生活

虚拟世界到现实世界

> **你需要了解**　做出任何类型的大改变都会带来焦虑和不适。学会评估我们的恐惧，可以帮助我们监控这些感觉，并积极地减少负面影响。评估恐惧也有助于我们更好地了解事情何时会改善，因为我们可以通过具体的数值看到自己的变化。

　　虚拟世界可能是非常诱人的，因为它能够将我们从此时此地转移到一个充满朋友、乐趣和娱乐的生活中。特别是当在学校已经有压力时，这种逃避是很自然的，许多青少年经常掉入其中。虚拟世界可以让我们产生多种多样的感受，从更受欢迎到更迷人或更时尚。我们可以精心打造自己的虚拟角色，来展示自己及生活中最好的一面，即使在现实中，事情可能并不总是如此美好。

从虚拟世界过渡到现实世界是一个调整的过程。即使我们正在吃东西、购物或清洁，我们也可能会看动态、发信息，我们的时间是如此轻易地被虚拟世界占用。现实生活的主要挑战之一是，我们害怕错过朋友正在发生的事情。如果我们只是站在那里，手里没有东西可以摆弄，可能会感觉尴尬或不舒服。学会识别自己的不适可能是确保你能够实现为自己设定的目标的第一步，同时最大限度地减少负面反应。

指导语

列出你对在虚拟世界中花费更少时间的三大担忧。此外,在 1 到 10 的量表上对你在每件事情上的焦虑进行评级,圈出相应的数字。

问题 1:
与该问题相关的焦虑水平

1	2	3	4	5	6	7	8	9	10

(很少或完全没有焦虑) (高度焦虑)

问题 2:
与该问题相关的焦虑水平

1	2	3	4	5	6	7	8	9	10

(很少或完全没有焦虑) (高度焦虑)

问题 3:
与该问题相关的焦虑水平

1	2	3	4	5	6	7	8	9	10

(很少或完全没有焦虑) (高度焦虑)

在之前的活动中,你已经学习了许多应对机制,包括管理电子设备及其带来的困扰(活动 11 和 12)、找到新的爱好(活动 15)和自我关照(活动 21)。当焦虑来袭时,考虑积极使用这些方法。

此外,在你做出改变时,继续对你的焦虑进行评级,这可以为你和指导你使用这本书的治疗师、父母或其他值得信赖的成年人提供大量信息。

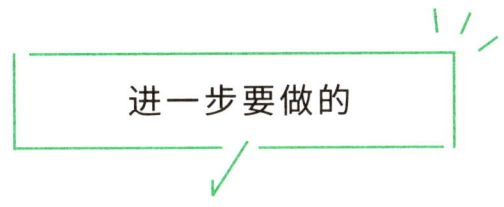

在接下来的几周里,当你继续阅读这本书的时候,使用下面的评分量表继续评估你的焦虑。正是在这一点上,你将对电子设备使用做出重大改变,并大幅减少屏幕时间。在这一重要阶段,花时间及时地觉察你的焦虑,有助于帮助你确定什么时候可能需要采取额外的应对策略。

情绪评分

1	2	3	4	5	6	7	8	9	10

(很少或完全没有焦虑)   (高度焦虑)

第1周: (日期)										
第2周: (日期)										
第3周: (日期)										
第4周: (日期)										
第5周: (日期)										
第6周: (日期)										
第7周: (日期)										
第8周: (日期)										

活动 | CHAPTER 3 | 实现无电子产品的生活

25 为朋友腾出时间

你需要了解

研究表明,那些有强大社会联系的人在面对逆境时表现更好,身体也更健康,寿命更长。在繁忙的生活中,青少年有时会忽视他们的友谊,因为他们发现很难抽出时间来培养这些重要的关系。然而,随着青少年走出去,花更多的时间与朋友面对面,他们会注意到他们的焦虑症状减轻了,总体上感觉更快乐了。

当青少年开始认真地考虑摆脱对手机和社交媒体的依赖时,他们最大的担忧之一往往是他们如何与他人保持联系。由于大多数青少年的时间都很紧张,短信和社交媒体可以提供一种不会从繁忙的日程安排中消失的连接感。在协调乘车去拜访朋友、运动和课外活动的困难之间,许多青少年可以在不与朋友面对面交谈的情况下度过数周。因此,停止使用电子设备似乎不利于维持这种友谊。许多青少年报告，通过社交媒体与朋友联系，为他们节省了去拜访朋友时来回乘坐交通工具的时间；再者，这是即时沟通！

事实上，如果没有社交媒体的即时性，培养人际关系可能需要更多的精力。然而，青少年经常发现，当他们与朋友一对一互动时，互动的质量远远超过那些发生在虚拟世界中的互动。真实世界的人际互动带给人更丰富的感受，大多数青少年都直观地知道这一点。因为做大家都做的事情——和电子设备交流——要简单得多，要打破这个循环则需要付出更多。

在面临与朋友一起找点事做的挑战时（不用手机！），大多数青少年并不无所适从。他们列出了许多有趣的活动，但真正的挑战是协调时间。看日程表可能会让人沮丧，因为活动可能会被安排在一周开外。然而，一旦你习惯了优先考虑与朋友的活动，事情就会变得更加容易。

指导语

与朋友的活动可以有多种形式。有些活动需要更多的规划,而另一些则可以是灵活的,可以是在放学后回家的公共汽车上进行的。考虑活动的时间投入水平(低、中、高)有利于有效地规划与朋友的社交活动。在下表中,列出你计划的涉及低、中、高时间投入水平的活动。然后,将每个类别中的一个整合到下一周的时间表中。每个类别已经提供了一些想法,以便你开始着手规划!

与朋友的社交活动

时间投入水平		
低	中	高
放学后一起做作业	组织一个通宵派对	组织一次自驾游
去咖啡店	去看电影	去音乐会
玩拼图	投篮	计划野营旅行

从每个部分中选择一项活动并将其整合到你的日程安排中后，回答以下问题：

- 你如何划分低、中、高三种活动类型？

- 回顾这些活动，你对每项活动耗时的判断有多准确？例如，你是否发现一项你认为花费较少时间的活动，最终花费了比你预期更多的时间？

- 请你描述你尝试这三种类型活动的总体经验和感受。

进一步要做的

想想你每天、每周或每月可以继续做些什么,以确保你继续与朋友保持联系。使用下一页的图表,制订下一个月的计划,优先考虑与朋友面对面交流的方式。

在特别忙的时候,例如期末考试或期中考试时,你怎么创造性地为朋友腾出时间?

月份：_____

	星期一	星期二	星期三	星期四	星期五	星期六	星期日
第1周							
第2周							
第3周							
第4周							

| 活动 | CHAPTER 3 | 实现无电子产品的生活 |

26 自我伤害与社交媒体

你需要了解

自我伤害在青少年中比许多人意识到的更常见。他们通常将此行为作为一种应对压力和困难的手段，而不是试图真正摧残自己的生命。社交媒体可能会加大青少年自残的冲动，因此研究这两者之间的关系是非常重要的。

在感到压力很大或遇到困难的时候，青少年可能会采取自残行为，例如割伤、烧伤或殴打自己。许多青少年将伤害自己的过程描述为一种宣泄，因为它消除了他们情绪上的痛苦，让他们"麻木"。他们经常报告，当他们觉得自己没有其他选择或方法来应对时，就会自残。同样，当我们无意识地浏览社交媒体时，我们也会麻木。很多时候，这两者可以同时进行。

青少年经常报告，他们转向电子设备寻求朋友的帮助，而当他们得不到帮助时，他们可能就会转向自我伤害。或者他们可能在社交媒体上看到令人不安的东西，感到无助，然后开始伤害自己。学会关注社交媒体是如何影响你的情绪，以及把负面情绪发泄到身体上的倾向，是非常重要的。此外，一些有自残史的青少年报告，他们在社交媒体上关注了自残账号。这些账号可能会提供自残图片或鼓励青少年继续采用这种危险和不健康的处理方式。因此，对那些自残的青少年来说，停止关注这些账号并开始关注可能引发他们冲动的情况可能是势在必行的。为了减少通过使用电子设备或自残而使自己麻木的冲动，正念是一个有用的方法。

> **指导语**

帮助青少年克服自残或麻木的冲动最常用的首字母缩略词之一是"接受"的正念原则。首字母缩写 ACCEPTS 可以帮助在困境中的青少年变得更加踏实和关注当下，而不是试图逃避。下文提供了每个字母对应的示例，并留出空间供你填写自己生活中的示例。

A：活动

参与爱好的活动、运动、艺术都是让你从困难情绪中转移自己注意力的方法。

● 写下一个当你试图做点什么来麻痹自己时，你可能会从事的活动的例子：

_____

_____

_____

C：贡献

请将注意力从自己担忧的事情上转移到能够帮助他人的事情上。例如，在某个组织里做志愿者或为邻居照看宠物。

🌱 写下你在感到沮丧时可以做出贡献的例子：

_____

_____

_____

C：比较

虽然社交媒体鼓励了大量不健康的比较，但健康的比较可能有助于你看到其他人在类似的情况下是如何积极应对的。也许你有一个好朋友或信任的年长亲属，他们经历过与你相似的挑战。比较你们的情况以及考虑如何整合健康的应对方式可以让你感觉更好。

🌱 写下一个或几个处于类似情况下的人名，以及他们正在做的、能帮助改善这种情况的事情。然后写下这些帮助你获得健康的应对技能：

_____

_____

_____

E：情绪

试图唤起与我们目前感受相反的情绪，有时可以帮助我们摆脱恐惧。也许你不想把真正的抑郁或焦虑情绪降到最低，也许有时你可能只是无缘无故地感到沮丧。看一段你喜欢的快速有趣的 YouTube 视频（注意不要长时间盯着屏幕发呆），或播放欢快的音乐并跳舞，或者做一些有氧运动来促进内啡肽的分泌。

● 写下你试图唤起的情绪以及你可能采取的措施：

_____

_____

_____

P：推开

在精神上，你可以通过冥想练习来驱走不想要的想法，在冥想练习中，你专注于自己的呼吸，或者一句话，或者只是一遍又一遍地从一数到十。当你注意到有想法出现时，你可以想象它们飘浮在天空的云层中或漂浮于河流的叶子上。

● 写下一种可以帮助你在自己和那些侵入性的、困难的想法之间建立一堵墙的意象：

_____

_____

_____

T：想法

通过一些需要思考的活动来分散注意力，无论是阅读、拼图、解决数学问题，还是背诵学校表演的戏剧的台词。

● 什么类型的想法可以帮助你从挑战性的情绪中转移注意力：
___
___
___

S：**感觉**

如果你想自残，调整你的感官可以帮助你。试着手里拿着冰块，洗个热水澡，或者闻一闻令人愉快的乳液或精油香味。

● 写下一种你可以用你的感官来帮助改善这一时刻的方法：
___
___
___

进一步要做的

为了继续练习正念并将其融入日常生活，你可以通过关注缩略词的最后一步来进一步扩展 ACCEPTS 模型。许多青少年发现，当他们感到不堪重负并试图自我伤害或麻痹自己时，使用他们的五种感官作为一种着陆技术可以进一步帮助他们。下面的例子表明，五种感官中的每一种都可以促进更大的正念感和平静感。你可以在下面的空白处列举你自己的工具，以便于在需要时使用它们。

视觉： 许多人练习冥想最常用的方法之一是蜡烛冥想。他们专注于火焰，深深地、平静地呼吸，同时注意观察闪烁的运动。其他使用视觉的例子包括用心散步，注意每一棵树和每一片叶子，甚至是每一棵草。

● 写下一个例子，说明你如何调整自己的视觉来练习正念：

_____

_____

_____

嗅觉： 也许最快产生影响的感觉是嗅觉，我们的嗅觉系统与我们的大脑直接相连，使嗅觉记忆非常强大。无论是新鲜饼干的气味还是新割的草的味道，都会对我们的情绪产生很大的影响。

● 写下一段嗅觉记忆以及你如何调整嗅觉来改善你的情绪：

_____

_____

_____

听觉：无论是令人着迷的钢琴声，还是听你最喜欢的乐队演奏，声音都能够立即传达我们的情绪，让我们感觉到被理解和被支持。悲伤的音乐会加剧不愉快的情绪，而欢乐的音乐会让我们不由自主地轻踏双脚。

● 写下你如何利用听觉来帮助自己感到更平静和更快乐：

_____

_____

_____

触觉：任何抚摸过心爱的宠物或其他动物柔软皮毛的人都知道那种温暖的感觉以及另一种生物呼吸时的轻柔起伏。触摸可以瞬间让我们感觉与更大的整体联系在一起。

● 写下你是如何利用触觉来让自己在当下感到踏实的：

味觉： 这种感觉让很多人都陷入了麻烦，因为很少有什么能像一大碗冰激凌、一块巧克力或新鲜出炉的柠檬棒一样让人感到安慰。在适度的情况下，味道可以让我们进入一个用治愈性的食物滋养身体的空间。

● 写下你如何利用味觉来帮助自己更好地感受当下：

活动

27

CHAPTER 3 | 实现无电子产品的生活

无科技产品周末

| 你需要了解 | 远离科技产品的运动正变得比你想象的更为普遍。从名人到 Instagram 上的网红，许多人都公开表示要放下手机，真正开始享受周末和空闲时间。 |

花点时间回想一下你的童年。回忆一下你童年时的快乐时光。在获得自由的最初几年，你几乎不可能有手机。你在街上遇到了朋友，自发地开始了一场足球比赛。或者你提前决定在中午骑自行车去森林冒险。你没有给任何人发短信来实现这个目标，也没有用蜷缩在手机前打字代替去外面体验生活。

正是在这种精神下，"无科技产品周末"应运而生。我们越沉迷于电子设备，就越常听到"远离科技产品"的说法。现在，既然你已经学会了许多宝贵的工具和技能，可以让自己拥有越来越多远离手机的时间，那么你有必要迈出最后的一步——一个没有任何科技产品的周末！尽管这个想法听起来可能很吓人、有压力或不合理，但无科技产品周末的规则很简单。时间范围通常从星期五放学后到下星期一早晨，在春假或寒假可以更长。除需要用电的物品（例如冰箱）外，其他任何东西在整个时间内都是关闭的。这包括：

- 关闭电视

- 关闭收音机

- 关闭手机

- 关闭计算机

- 拔掉 iPad、iPod、MP3 播放器和其他此类设备的插头

- 运动追踪器也被关闭

你怎么可能度过一个没有科技产品的周末呢？也许你去露营或去某地一游。或者，如果你真的很幸运，也许你乘坐飞机进行了一次国际旅行。你可能连续几个小时没有无线信号，但你却活了下来！你也设法打发时间了。在乘车途中，你可能已经阅读了信息手册或老式纸质地图。在飞机上，你可能睡了一会儿，也可能阅读了一本小说。参考你已经通过本工作手册开发的众多应对方法和爱好也有帮助。

指导语

与你的直系亲属讨论如何度过一个无科技产品的周末。他们甚至可能正打算说服你进入这样的周末！不管怎样，一个计划是必要的。你要留在家里还是出城？规则是什么？请记住，这个活动至少要持续 48 小时。也许你终于有时间再拿起那本素描本或那把吉他了。一开始这将是具有挑战性的，但随着你掌握了方法，就不会那么困难了。你甚至可以每个月有一个无科技产品的周末。

使用此表格写下你在无科技产品周末的计划。

- 无科技产品周末的计划日期：_____

- 我将（　　）小时不接触任何科技产品。

- 计划的地点（例如在家、在外度假）：_____

- 我计划关闭以下设备：_____

- 如果我有使用科技产品的冲动，我将采取以下应对策略：
  _____

- 在此期间，我将把时间和精力集中在以下计划、活动或目标上：
  _____
  _____

进一步要做的

在无科技产品周末，考虑使用活动 18 中的日记来记录你对周末的想法和观察。请随时列出你可能遇到的任何挑战、苦恼和担忧。此外，如果你发现它是一种解脱（许多青少年不会向父母承认这一点，但会向治疗师报告），也把它写下来！然后在你大量使用电子设备的时候，你会获得一个提示，即一段时间没有科技产品的生活是多么的自由。

你也可以考虑使用活动 24 中的情绪追踪对过程中的任何焦虑情绪进行评级。

● 在度过一个无科技产品的周末后，利用下面的空间来分享你的一些观察。最困难的是什么？进展顺利的是什么？如果有以上情况的话，你有什么不同的应对措施吗？

_____
_____
_____

● 分享你对未来再度过一个无科技产品周末的想法。你什么时候可以再计划一次？

_____
_____
_____

● 写下你愿意做出的任何新的承诺或更持久的改变，以进一步推动周末不使用科技产品计划的实现：

_____
_____
_____

活动	CHAPTER 3	实现无电子产品的生活

28 "智能"与"简易"手机

> **你需要了解**
>
> 行为主义心理治疗通常关注如何根据环境通过强化或惩罚来改变行为。大多数当代疗法并不依赖严厉的惩罚，因此人们普遍认为，改变习惯的最佳方法是消除诱惑或彻底改变环境。

根据你的年龄或手机使用时间，你可能很难回忆起没有手机之前的生活。也许九岁的时候，你就拥有了自己的手机，或者你不得不等到中学或高中才能获得这样的特权。一些青少年会收到作为节日礼物的智能手机，或者在毕业后拥有智能手机（在此之前他们只能拥有老年机）。不管怎样，一旦你有了智能手机，就很难再去回想没有它的日子。当你能打电话、发短信、购物、查看邮件、拍照、查看天气、点餐、找到便宜的煤气，你为什么还要回去呢？然而，当我们变得如此依赖一个设备为我们做一切的时候，没有它我们也会感到绝望所带来的迷茫、焦虑和恐慌。

在之前的活动中，通过远离科技产品，你希望能够看到没有需要你持续关注的、来自电子设备的嗡嗡声和嘀嘀声的生活是什么样的。也许生活变得不那么复杂而更加平静了。作为该实验的延伸，它可以帮助你在几周内使用"简易"手机。有很多方法可以让你换一部"简易"的手机。以下是一些帮助你开始的建议：

- 使用你现有的手机，但在指定时间让你的父母关闭你的流量。这样你就无法访问互联网或任何应用程序。

- 询问父母是否可以使用他们曾经使用过的旧手机。除非他们特别擅长回收利用，否则他们可能有一个旧的翻盖手机。

- 考虑使用能用键盘发短信但没有实际应用程序或上网功能的手机；这些手机看起来最像老款的黑莓手机，许多手机零售商仍在销售这种手机。

- 去当地的大型商店，买一部预付费手机，用上一周。这些服务通常不到 20 美元，不需要签订合同。

虽然上面的许多想法听起来很复杂，因为你可能不得不去实体店，但这是值得的。对那些对电子设备的依赖接近上瘾的青少年来说，做出这样的重大改变可能是最有效的治疗方法。

指导语

设定一个你父母有空的时间，一起谈论如何改变你的手机使用情况。讨论关于使用一段时间的"简易"手机一事，什么对你是最有意义的。正如你在活动 06 中设定目标时所做的那样，尽可能具体，并为这个实验将持续多长时间制订一个时间表。

填写下一页中的内容来帮助你制订一个使用"简易"手机的计划。

过渡到"简易"手机的计划

目标：_____

我计划开始使用"简易"手机的日期：_____

我计划去商店更换手机的日期（如果适用的话）：_____

我计划在过渡期间使用的手机功能：

☐ 打电话　　　　☐ 发短信　　　　☐ 视频通话/FaceTime

☐ 天气应用程序　☐ 报警应用程序　☐ 健身应用程序

☐ 相机　　　　　☐ 学校相关应用程序

☐ 社交应用程序（例如 Instagram、Snapchat）

我计划在过渡期间避免使用的手机功能：

☐ 打电话　　　　☐ 发短信　　　　☐ 视频通话/FaceTime

☐ 天气应用程序　☐ 报警应用程序　☐ 健身应用程序

☐ 相机　　　　　☐ 学校相关应用程序

☐ 社交应用程序（例如 Instagram、Snapchat）

我将使用"简易"手机多长时间：_____

当过渡期间感到压力时，我会使用的应对方法：_____
_____

在此期间，我可以不借助科技产品获得的社会支持：_____
_____

进一步要做的

在你使用"简易"手机进行实验期间，在活动 18 使用的日记中写下你的经历，或在下面记录你的观察结果。

- 你发现实验中最具挑战性的是什么？
  _____
  _____

- 最让人解脱的是什么？
  _____
  _____

- 作为这个实验的结果，你是否考虑过永远使用一个"简易"手机，或者对你的手机使用方式做出其他永久性的改变？详细说明：
  _____
  _____

- 根据这个实验，你可以继续应用到日常生活中的一个主要收获是什么？
  _____
  _____

活动 29 | CHAPTER 3 | 实现无电子产品的生活

培养自我同情

你需要了解

在尝试实现新目标时，挫折是很常见的。有时，意料之外的重大生活事件，或者一些较小的事情，如短暂的疾病，使我们脱离了健康的习惯。我们可能会因为偏离轨道而感到沮丧，但练习自我同情可以帮助我们回归正轨。

许多青少年带着热情和兴奋的心情接近新目标和新活动。鉴于青少年时期是尝试新的活动和探索自我同一性的时期，若事情没有达到预期效果，他们就很容易感到沮丧。也许你确实做到了远离手机，但后来有了一份新工作，需要你随时待命。或者老师让你在课堂上使用一款应用程序，这让你重新打开电子设备来使用其他应用程序。我们每个人都会遇到挫折。最重要的是，不要打败自己或失去希望。练习自我同情是克服挫折的有效方法。

自我同情研究者克里斯汀·奈弗（Kristin Neff）博士将自我同情定义为三个组成部分：

- 自我善良，或避免严厉地批评自己。

- 认识自己的人性，或意识到每个人都有缺陷，都会经历痛苦，拥有不完美，因为这就是我们成为人类的原因。

- 正念，或时刻保持客观的意识。在练习正念时，我们对事物都有一种无偏见的体验，无论它是痛苦的还是有利的，我们并不夸大或忽视它们。

不要将自我同情与自尊混淆；后者包括良好的自我评价，而自我同情是指自我接纳，无论后果如何。自尊可以建立在成就和获得感的基础上，但自我同情是接受失败和成功。根据奈弗博士的研究，你可以通过两种方式积极地练习自我同情，包括写日记（活动18）和自我关照（活动21）。

指导语

　　花几分钟冥想或祈祷，旁边放一张纸和书写工具。做几次深呼吸，花一些时间调整你的身体，让那些浮现的想法离开。每次呼气时，多呼出一点，然后再吸气。做十次缓慢地吸气和呼气。然后想象一下，对你来说，表现出更大的自我同情心会是什么样子。想象自己不加评判地接受自己所有的缺点和弱点。想象一个明亮的球体在无条件的爱和接纳中围绕着你。体会这种感觉。再进行十次缓慢的深呼吸。然后，轻轻睁开眼睛，写下你所看到的，以及你如何定义自我同情：

进一步要做的

为了继续建立应对挫折的弹性，可以考虑使用自我肯定。自我肯定是在困难时期帮助你振作起来的简短语录或鼓舞人心的话语。你可以从最喜欢的书或诗中找到灵感，甚至只是说出一些你经常忘记的关于你自己的美好的事情。找一个便签簿，每天写下肯定的话，把它贴在浴室的镜子上。这样做一个星期，并在你用于活动18的日记中记录你的经历。

活动 **30** | CHAPTER 3 | 实现无电子产品的生活

展望未来

你需要了解　尽管被日常生活的压力淹没是很常见的，但许多青少年发现，当他们退后一步，专注于更大的目标时，他们的生活就会有更强的目标感和意义感。然而，日常生活中定期的要求可能很难使人们朝着更大的生活目标一步一步前进。将时间从社交媒体和其他电子设备重新定向到目标中，可以带来很多满足感和希望。

首先，如果你已经按顺序完成了本书中的所有活动，那么恭喜你能够坚持走到这一步！这确实是一项艰巨的任务。你在设定目标和做出重大改变时所表现出的坚韧不拔的毅力很可能也会延续到你生活的其他领域。你可以在学校、体育、音乐、艺术、社会服务或任何其他领域努力学习。正因如此，你可能对自己想要的生活抱有很大的希望和梦想。青少年时期的美妙之处在于，它是成年后的彩排。青少年可以尝试各种服装和角色，直到他们找到最合适的服装和角色（甚至在理想情况下，他们将继续发展和成长）。

也许通过花时间进行自我关照、培养兴趣爱好、好好睡觉和好好吃饭，你就能发展出更清晰的思维。或者你重新点燃了自己很久以前曾经丢失的热情。无论你的旅程将你带到哪里，希望你都能更深入地了解自己整个生活的愿景和目标。每当我们暂离社交媒体和电子设备时，我们就会发现自己感觉更轻松、负担更少、更快乐。我们开始意识到，总是使用电子设备与我们日益增加的焦虑之间存在联系。我们也开始注意到，当我们盯着屏幕时，我们很快就会忘记时间。许多青少年报告，在漫无目的地看手机 20 分钟后，放下手机之后，他们希望把时间利用得更好——比如做瑜伽或阅读一本好书。对我们所有人来说，这是一个很难改掉的习惯。

专注于更广阔的目标即可能是提醒我们自己生活中真正重要的事情是什么的一种绝佳方式。我们的目标可能与我们的职业有关，也可能和我们想成为什么样的人有关。无论这些目标可能意味着什么，都要好过我们想象自己一生都是手机或电脑的奴隶。此外，我们的目标是我们想要什么，而不是如何在 Instagram 上发布迷人的帖子。

指导语

制作一个愿景板，说明你对未来的希望和梦想。愿景板可以是精心设计的，也可以是简单的。通常情况下，你可以使用任何类型的海报或纸板；然后从杂志、语录或其他能激发你灵感的物品上剪下照片，并将它们粘贴到板上——基本上像一个现实生活中的绘画板。

愿景板上可以有运动的照片、你想拥有的汽车、你想上的大学或你想去度假的地方。你的愿景板可以像你想要的那样详细。根据它的隐私程度，你可以把它放在你的房间里，或者把它放在只有你能看到的地方。

如果你觉得无从下手，你可以从翻阅杂志上的图片开始，看看是什么吸引了你。也许一张海洋的照片吸引了你的注意力，勾起了你和朋友一起享受沙滩旅行的回忆。或者你看到一张照片，一个人在冥想中看起来很平静，你希望生活中有更多的平静。甚至如果你的愿景板上有某一天你想买的东西，比如一副耳机，也是可以的。

愿景板背后的想法是，当我们设定了一个目标时，它可以随着时间的推移而成为现实。那些创建了愿景板的人经常报告，他们在板上粘贴的内容已经慢慢地成为现实。例如，他们可能会张贴一张冥想者的照片来象征平和，几个月后却发现自己成了瑜伽馆的常客。或者，他们可能会贴出一辆新车的照片，并获得加薪，这是朝着他们梦想的方向迈出的一步。为了帮助你开始，请使用下面的空白页来剪切和粘贴图片、文字或其他任何激发你灵感的内容。

进一步要做的

尽管伟大的目标可能需要数年才能实现，但通常有一些小步骤可以帮助我们实现这些目标。对理想大学感兴趣的学生可能会开始参观校园，寻找在该大学举办的高中实习机会，或者了解可以给他们带来优势的早期录取程序。如果进入大学是一个目标，那么也许额外的练习或家庭练习可能会产生很大的影响。请记住，这一活动的核心和贯穿整个工作手册的内容是在屏幕之外充实你的生活。所以要有远大的梦想！不要专注于成为下一个 Instagram 网红，而要成为你自己生活的明星。为了实现这些目标，请完成以下部分：

愿景板目标 1：_____

（根据你选择的内容写下一个目标。）

我今天可以朝着这个目标采取的步骤：

1. _____

2. _____

3. _____

愿景板目标 2: _____

（根据你选择的内容写下一个目标。）

我今天可以朝着这个目标采取的步骤：

1. _____

2. _____

3. _____

活动 31 | CHAPTER 3 | 实现无电子产品的生活

做出承诺

> **你需要了解**　把笔放在纸上，在誓言下签名，这可能是一个强有力的声明。当我们的名字被刻在这样的目标之下时，改变的承诺就变得更加个人化了。许多人将承诺作为宣布改变的一种严肃认真的方式。

也许在你生命中的某个时刻，你需要签署誓言或承诺。例如，许多高中学校，要求学生签署保证书，保证他们永远不会喝酒后开车。这一要求往往是在酒后驾驶幸存者的、高度有影响力的陈述或证词之后提出的。这种做法的好处在于，它表明了一种发自内心的想要坚定的立场或做出改变的愿望。它不是强迫任何人去做的事情，它允许青少年真实地表达自己的想法。

到目前为止，你已经获得了许多旨在明确目标、获得支持、识别触发因素和管理焦虑的活动与方法。无论你是作为治疗的一部分还是与父母或咨询师一起读完这本书，承诺改变的最后一步，都是写下你的个人承诺并签署你的姓名。鉴于本工作手册主要侧重于减少社交媒体和电子设备的使用，同时提供减压方法，将这些纳入你的承诺可能会有所帮助。也许你会将更多的爱好（活动15）、锻炼（活动19）或精神目标（活动23）融入你的生活中。也许你会计划更多的无科技产品周末（活动27）。一天下来，你希望你的承诺能体现出你想要获得成长的多种方式！

指导语

在下面写下你的个人承诺,并考虑让一个值得信任的成年人,如父母或治疗师,与你共同签署承诺:

我宣誓:_____(姓名)

_____

_____

_____

_____

_____

_____

_____

_____

_____

_____

_____

你的签名_____   日期_____

联署人_____   日期_____

进一步要做的

值得庆祝！到目前为止，你已经花了这么多时间对你的社交媒体使用进行重大调整，这是一项巨大的成就。做出承诺可能是实现这些惊人目标的最后一步。因此，以对你有意义的方式庆祝这个里程碑可能很重要。无论你选择什么，找到一种方式来纪念这段特殊的旅程是强调你所做的改变和未来目标的重要一步。

结论

希望这本工作手册能帮助你做出一些大的改变，让你的时间更多，生活更丰富。对许多青少年来说，很容易迷失在诱人的屏幕世界里。每当我们经历消极情绪或担忧时，我们都可以绕过痛苦，直接动动手指就能享受快乐。在许多方面，我们的社交媒体是最新的"毒品"，我们在上面花费了过多时间，很容易成瘾。然而，采取措施评估你的时间和目标对于重拾青少年时期的热情至关重要。

通过这个工作手册，你学会了管理你的焦虑（活动 11 和 12），并在屏幕外培养新的爱好（活动 15），同时专注于改善你的睡眠（活动 17）、运动（活动 19）和营养（活动 22）。

虽然你可能会发现自己在空闲的时候还是会回到你的电子设备上，但记住你学会的能应对这些时间的正念技能（活动 14 和 26）。此外，当生活变得具有挑战性时，如果你知道你可以向家人（活动 07）和朋友（活动 08）寻求帮助和支持，理想状态下最好是面对面的互动，你可能会得到一些安慰。

虽然你可能会发现有一段时间你在远离电子设备方面做得非常好，但很容易被"打回原形"。在这些时候，不要羞愧于重新评估你在电子设备上花费的时间（活动 1 和 3）。追踪时间的应用程序可以帮助你计算你在屏幕上花费的时间。

虽然技术的优势不可否认，但现实是，它和找到一种健康的平衡状态有关。当我们能够立即看到我们慢跑了多少千米或登录查看我们的成绩或需要完成的作业时，技术可能是非常棒的。当然，由于科技的发展，生活的许多方面都变得更容易了：我们可以在手机上预约理发、购物，甚至咨询医生，这是多么方便啊。但学会限制一些东西和知道何时需要限制时间是你需要继续磨炼的技能。

当你获得第一份工作时，你可能需要通过电话联系你的上司。当你去上大学时，你的父母可能希望通过短信和你保持联系。虽然我们不能简单地扔掉我们的手机，但我们可以学会有意识地和有目的地让它们进入我们的生活。在特殊的时候，把这些设备收起来实际上比以往任何时候都更加关键。例如，虽然我们可能想在毕业那天使用手机的拍照功能，但我们也可能会收到不想要的信息。很多青少年都有过这样的经历：一条刻薄的评论出乎意料地出现在电子设备上，毁掉了本来应该非常特别的一天。所以要时刻保持警惕，保护自己和这些特别的时刻。

一些帮助思考的简单例子——一些土著群体历来避免拍照，因为他们相信每张照片都会偷走自己灵魂的一部分。同时，统计数据表明，全球每天有近9300万张自拍，每10秒就有1000张自拍发布到Instagram上。虽然你不必严格效仿任何一种心态，但你可以考虑放下手机，简单地花更多时间捕捉生活中的画面并在头脑中品味。很多时候，我们是如此沉迷于记录，以至于我们停止了完整的生活。因此，尽你最大的努力记住要活在当下，保持专注，关掉手机铃声，把手机调到飞行模式，准备好翱翔吧！

参考文献

Bush, A. D. 2015. *Simple Self-Care for Therapists: Restorative Practices to Weave Through Your Workday.* New York: W.W. Norton &Company .

Covey , S. R. 2004. *The 7 Habits of Highly Effective People.* New York: Free Press.

Csikszentmihalyi, M. 2008. *Flow: The Psychology of Optimal Experience.* New York: Harper Collins.

Douillard, J. 2018. The Best Workout for Your Body Type. John Douillard's LifeSpa. Retrieved April 7, 2018, from https://lifespa.com/ayurvedic-fitness-and-body-types.

Lenhart, A., Pew Research Center. 2015. "Teens, Social Media and Technology Overview 2015." Retrieved April 7, 2018, from http://www.pewinternet.org/2015/04/09/teens-social-media-technology-2015.

McKay , M., J. C. Wood, and J. Brantley . 2007 . *The Dialectical Behavior Therapy Skills Workbook: Practical DBT Exercises for Learning Mindfulness, Interpersonal Effectiveness, Emotion Regulation & Distress Tolerance.* Oakland, CA: New Harbinger Publications.

Neff, K. D. 2003. "The Development and Validation of a Scale to Measure Self-Compassion." *Self and Identity* 2（3）: 223 – 250. doi:10.1080/15298860309027.

Prevent Cyberbullying. Retrieved April 7, 2018, from https://www.stopbullying.gov / cyberbullying/prevention/index.html.

Prochaska, J. O., C. C. DiClemente, and J. C. Norcross. 1992. "In Search of How People Change: Applications to Addictive Behavior." *American Psychologist* 47: 1102 – 1114. doi:10.1037/0003 – 066X.47.9.1102.

Sleep and Teens. Retrieved April 7, 2018, from http:// sleepcenter.ucla.edu/sleep–and–teens.